大伏藏師詠給明就仁波切引領

明心之旅

次第走過

主講者：第七世詠給明就仁切波切

編譯者：確印卓瑪

目錄

明心之旅

明心之旅

第一部

導論

明就仁波切序文 ── 關於大手印

大手印乃融攝佛陀一切教法所成之精華。就如同天下諸水最後莫不匯入大洋，佛陀所有的教法最終莫不匯歸大手印──開顯眾生本具之佛性。

不論於根、道、果而言，大手印皆是精萃中之精萃。

實則心外無佛，性即是佛。以此而言，大手印和自心本性為同義詞，又名為佛性、本覺、平常心、自然心。證悟自心本性時，能、所俱泯，一切迷惑、妄念自然轉成清淨智慧，佛性本具功德盡得開顯而任運。

就如天下之水，即使是草尖上的一滴露，或降在智慧林金頂上的雨水，終將匯入溪流；眾溪終將匯入河川，眾河終將匯歸汪洋。佛陀所有的教法亦然，間接或直接，皆為引領眾生開顯心性，入達究竟證悟與解脫。

然而，佛法無邊，法門八萬四千，我等又如何於此短暫一生，把握珍貴人身，學修佛法而得成就？

以佛陀的金剛乘教法而言，在千年無間、實證相續的傳承下，證悟的上師們萃取了佛法中的精要，鋪就了完整、嚴密的明心之旅；引領學

修者次第走過，以即身成就。這便是大手印之道。

大手印是藏傳佛教中噶舉派的主要成就法。現今，噶舉上師們已將此法傳至世界各地。我個人於各地教授之大手印三階閉關課程，其部份實錄已由台灣弟子們發心編譯成此書。

這本書是要獻給所有的人，無文化、宗教…背景之別。因為只要是眾生，便皆希求快樂、渴求離苦；在此相同的心願上，不斷覓尋離苦得樂的方法。

追尋快樂的途徑有二：
一、 認為外在的物質能帶來快樂，因而向外馳求。
二、 認知到真正的快樂唯存於心，因而向內覓尋。

其實，後者才是究竟之道。因為一切苦、樂皆取決於心；自心得到安穩，痛苦、煩惱便能自然平息。如此從個人擴展至家庭、國家，最後整個世界也都能得到平靜喜樂。

要如何才能讓自心平靜喜樂呢？就要藉由禪修來開發自心的智慧。

在本書中，闡述了如何依次第開發智慧的方法。若能依此次第修

學，自心受用的功德利益將能增盛；在深入修持的同時，解脫的功德也將不斷增長。

願此平易、實用、循次第而進的大手印指南，能為讀者諸君鋪展「明心見性」的里程圖。

明心之旅

編者序 —— 從果乾到鮮果的祈願

出版目的

　　仁波切指示編者：這本書是要獻給任何追求內在平和的人，要讓它盡可能平易、實用，成為人人適讀的一本學修入門書。同時，擬以之作為日後華語區大手印閉關課程之指定參考書，以方便學子研修。

　　此外，編者發現它還提供了許多的「可能」，比如：

　　初涉密乘佛法的尋道者，可能會鬆一口氣：在上師的巧譬善導下，輕鬆走過專有名詞叢林；大可於法喜中，將密乘入門的理、行、事兜個滿懷。

　　志求實修成就的行者，可能會有「終於找到了」的悸動——經過多少年的摸索、探尋，終於找到進趨「明心見性」的次第里程圖。

　　…

資料來源

　　一、明就仁波切大手印三階閉關課程第一階之大部份、第二階之少部份（這也是三階課程中，唯一可以公開的部份）：

2001 年 8 月仁波切第一次來台弘法，由化育基金會主辦，妙融師語譯（藏譯中）。

　　2003 年年底於加拿大溫哥華，由大司徒仁波切之北美中心（Palpung Phende Kunkyab）主辦，Chokyi Nyima 語譯（藏譯英）。

　　2003 年 8 月英國蘇格蘭中心（Kagyu Samye Ling）主辦，Lama Chödrak 語譯（藏譯英）。

　　二、禪修指導課程：

　　2003 年 8 月於荷蘭主講修止與現實生活，Ani Jinba Palmo 語譯（藏譯英）。

　　2004 年 5 月於印度智慧林，仁波切首次以英文為各國參學者講授「修止」。

　　三、仁波切予學子之個別教授、指導

　　附錄之簡傳則是由十餘份中、英文資料經比對、釋疑、編輯之後摘錄而成。

編譯內容

　　本書正文分為五部，其中導論、本論上篇、本論中篇、結論等四部

是以中譯課程為主要內容。其內文已依各國課程、個別請示，做了不少調整、刪增。本論下篇則以各國英譯課程為編譯所依。文風、表達因而迥異。

其中，須由傳承上師親授方得修持之實修部份，已從師之指示，刪除不錄。

問答部份，中譯課程大多數的提問、英譯課程少部份的提問因未錄音，故另行編寫。

給您——三百頁的請帖

對於書的有限性，編者從參與師之課程至編譯成書，感受尤深。師之教學素以明晰、生動、實用著稱。除了精於以言語詮義外，更善於以肢體、音容表達，隨拈物、境皆成妙喻，總能深入淺出地緊扣現代人心。一旦轉換為書面文字，就如同曬乾的果子，難見其鮮麗之光澤、鮮美之汁液和當中蘊涵的生命能量——畢竟，法益之顯，取決於授、受雙方。法筵中，個人和集體求法者的信心、虔敬如環；上師的證量、悲智如鉤。隨著課程進展，那種心與心之間的緊密相扣，引召了傳承殊勝之加持力，因而對學子心性具有不可思議之開顯力。再者，實修之法需經傳承具德上師親授、次第引導，方得顯現道證之益。這一切皆非區區文字所能取代。唯願：與此書有緣的人們，皆能進而把握求法因緣，開啟各自的「明心之旅」。

感懷與祈願

能參與仁波切在台發行的第一本中文書，本編譯群深感榮幸；復欣蒙大司徒仁波切賜畫（封面設計之主體水墨畫：明光）、仁波切自序。

感謝一切成就此書的眾多因緣——上師的悲智海、課程譯者的學修奉獻、當時成就法筵的參與者、中英文謄稿者及後續之所有工作者，特別是妙融師協助審稿，美國加州 Dr. Bill Rathje 提供仁波切之法照。

此書出版費用係由本編譯群同仁、親友供養，出版所得將移做明就仁波切教化事業之護持金和新書出版基金。

為應 2004 年 8 月仁波切台灣行程之需，編者於短短數月間趕出編譯稿，在能力、時間均甚窘迫下，粗糙、錯訛在所難免，願讀者寬諒、識者指正。

謹祈
諸正法傳承上師法幢永續
無始父母皆得與之連結、得究竟依怙

編者謹誌

2004 年 6 月於印度智慧林

14

◎ 喜笑之歌編譯群：密勒日巴尊者實修實證宗風之崇仰者、明就仁波切在台弟子，祈以護持上師文教事業作為菩提心、上師相應法具體實踐之義工群。

大手印三階學修里程表

第一階

轉心四思惟法

一切的痛苦和負面情緒都是根源於我們內心強烈的執著。觀修此四種思惟法能轉化我們的心。

在觀修轉心四思惟法的同時，我們也練習分析式的禪修（Che Gom，觀察修）和安住式的禪修（Jok Gom，等持修）。

修止

於修止（奢摩他 shamatha、息內 shinay），我們將練習「無所緣的安住」和「有所緣的安住」二類禪修法。

我們往往無法掌控自心，也因此有必要培養靜定的特質。
修止能減緩我們種種的衝突情緒，以及希求、恐懼等負面心緒；使

得心本具的力量得以開顯，心也會因而變得更為自在、調柔。

皈依大禮拜

皈依有二種形態——外在的皈依和內在的皈依。

三寶是我們外在的皈依；自心本性則是我們內在的皈依。

我們尋求皈依，是為了對自心本性、對那些已經證悟心性的聖者們建立信心。
基於這種信心與依止，我們便能於修行道上快速成長。

修持大禮拜的目的，主要是在淨化我們身所累積的負面性、惡業和疾病。此外，它也能淨化我們的語、意。

利他之心

我們必需培養慈心、悲心和菩提心，以出離輪迴、證得佛果。

我們身陷輪迴而受苦的主因，是在於我們只關心自身之福祉。如果一心一意只為謀求一己之利，我們終究無法完成心願，心也會變得愈來

愈狹隘。

菩提心是我們入達證悟的主因。

培養菩提心能使我們的心變得廣闊、開敞；建立起勇猛的自信。

金剛薩埵法

金剛薩埵法的修持含藏了四種力量，它是清淨我們身、語、意所有惡業、染污之殊勝法門。它也能彌補我們於戒律、三昧耶的毀犯。

空性

我們之所以輪迴生死，是因為我們尚未證悟萬法之本性。我們也因此執迷於生、老、病、死之幻相。了悟空性自能開顯全知之能、離諸幻妄。.

第一階指定作業

傳統上，四加行的基本修持量——每一加行各十萬遍。

第一階的主要作業是前二加行——皈依大禮拜和金剛薩埵法。仁波切對現代修行人開了方便門：一萬遍至十萬遍之間，可依個人能力、條

件量力而為。於其他各法，也應盡力修持。

完成上述指定作業者，方得參加第二階的大手印閉關課程。

第二階

獻曼達

獻曼達是以物質所有而積聚福德、智慧資糧的最佳法門；共有內、外、密三種形態。

上師相應法

我們必須認出自心本性，上師相應法即是認出心性之最佳法門。

直指心性

「直指心性」有二種途徑：依於經乘（Sutrayana）、依於密乘（Vajrayana）。在第二階的閉關課程中，所依的是經乘之道。

佛說眾生皆有佛性。我們應先認出自心本性，進而延展此種明覺，便能自然地淨化妄想和希、懼等負面心緒。我們若能日以繼夜地保有心性的體證，便能成就佛道。

第二階指定作業

第二階的主要作業是後二加行：獻曼達和上師相應法——一萬遍至十萬遍之間，依個人能力、條件量力而為。於其他各法，也應盡力修持。

完成上述指定作業者，方得參加第三階的大手印閉關課程。

第三階

生起次第——噶瑪巴西上師相應法

此為第一世詠給明就仁波切所掘發的心意伏藏。第七世詠給明就仁波切：「此法乃本尊法中之殊勝法門——是生起次第和解脫道的融合。」

此法的本尊為第二世大寶法王噶瑪巴西——為本尊與上師之合一。壇城中之主尊為噶瑪巴西，其上為蓮花生大士，其右為馬頭明王，其左為金剛亥母，其後為惹瓊巴，其前為黑袍金剛。黑袍金剛之右為自生王母，其左為多傑列巴。

　　此法包含了上師、本尊、勇父、空行、護法等五部海眾。

以祕密金剛乘之道「直指心性」

　　何為心與心性之別？何為心性之法、報、化三身？

第三階指定作業

　　依儀軌觀想、修持本尊噶瑪巴西之咒語七十萬遍，蓮師、惹瓊巴、馬頭明王、金剛亥母、黑袍金剛各七萬遍，自生王母、多傑列巴各七千遍。以上為基本數，也可隨力持誦更多。（此為2004年1月仁波切所給的修持數量，或依因緣而有變動，故請依領受此法時，仁波切所指定之數量為準。）

◎　參與「大手印三階閉關課程」並如法實修，即可奠定日後的修行基礎——其他本尊法、氣脈明點、那諾六法，以至大手印；漸行漸深於生起次第、圓滿次第和解脫道。

聞法之道

三種聞法的發心：聽聞佛法時，發心是最重要的。

1. 惡的發心：若以貪、瞋、癡三毒煩惱心，或為彰顯自己比別人有學問…等不純淨之心而來聽法，便無法得到聞法的功德。

2. 無記的發心：不知該聽什麼法，只是不明所以地跟著別人來聽法。這只能熏習到一些善的習氣，無法真正得到聞法之功德。

3. 善的發心：虛空是無邊無際的，眾生也是無邊無際的，發起——為了令六道輪迴的眾生皆能成就佛道而來聽聞佛法的心，即是以菩提心而聞法，方能得到聞法之功德。

〈禪修練習〉

思惟發心：要發起——為了盡虛空的如母眾生皆能達到佛陀的解脫境界，而來聽聞佛法的菩提心。

聞法的三種過失

1. 覆器(覆蓋的器皿)：如不專心、對法未生起歡喜心、對善知識未生信心、聽法時昏沈掉舉…等缺失，會使我們無法領受到法之利益。

2. 毒器(有毒的器皿)：雖能專心聽法，但心存成見、懷疑、邪執，亦即以煩惱心來聽法，也會使我們無法如實領受法益。

3. 漏器(有漏的器皿)：內心散亂而無法專心聽法，經常左耳進右耳出，無法將法銘記於心，也會使我們無法因聞法而受益。

聞法之要

＊　聞法時，要將心中的世俗思慮、罣礙放下，認真地聽聞佛法。

＊　聞法時，暫時不做禪修，而要將心安住於所聞之法上。其實，專注一心於法上，自然能生起禪定。將心安住於善法上，並經由思惟法義而將法記持心中，即是一種修持。

＊　聞法時，應避免落入昏沈眠睡狀態，要讓心清明、放鬆地安住在聞法上。

＊　聞法時，要捨棄希求心和恐懼心。例如：在聽聞上師說法時，總會希望能立即了悟空性或明心見性；若無法在短時間內達到，就會覺得自己不是修行的根器而自暴自棄。因此不論上師所說之法能否立即產生效益，聞法時都要先將心安住在教法上，未來自然能生起利益。

聞法須知——法源師承

　　噶舉派和大手印傳承，是從金剛總持傳至帝洛巴尊者為起始。帝洛巴得到印度東、南、西、北四方的班智達們各種的口訣教授，因此「噶舉」意指口耳相傳的傳承。帝洛巴乃是金剛總持為了調伏眾生而示現的化身，他歷經了艱難的修持、得到殊勝的成就而來利益眾生。

　　大手印是一種甚深的密法（心性法門），自帝洛巴、那諾巴、馬爾巴至密勒日巴，都只是口耳親傳；師徒傳承的延續，皆是一對一的傳授。直到岡波巴大師，才開始將這教法廣為弘傳。

　　明就仁波切的大手印傳承是從尊貴的薩傑仁波切處得來，薩傑仁波切則是從上一世的大司徒仁波切及第二世的蔣貢康楚仁波切處得來。

　　關於大手印的廣論「了義海」和略論「法性直指」，明就仁波切係師承薩傑仁波切；至於大手印的口訣教授，則師承大司徒仁波切。

明就仁波切九歲時，便開始學習大手印、大圓滿二種教法。十三歲開始閉關，在那段期間，他已將口訣教法實際修持，並且得到殊勝的覺證。三年出關後，大司徒仁波切即指定他為噶舉學修重鎮——印度智慧林之閉關上師。

　　聞法須知法源、師承。因為沒有傳承，就如同無父之子，於修行道上了無依循。

教法前行、正行概說

　　所謂的教法分為前行（加行）和正行，前行又分為共的前行和不共的前行。我們必須如法思惟、修持共前行，因為它是一切修持的基礎。共的前行能修得好，將來在做其他的修持時，才能更順遂。前行其實是比正行還來得重要。

依次第修持共、不共前行之利益

　　目前我們在輪迴裡流轉，被自己無明的身、語、意所捆縛。無明之身使我們受苦，例如：冷熱及各種疾病即是透過身體而受之苦。無明之語也產生很多的苦，例如：與人爭吵、惡言相向而使心感到痛苦。無明之意則產生愛別離苦、怨憎會苦、求不得苦、五陰熾盛等種種煩惱，使我們在輪迴中受苦無盡。

　　不淨的身、語、意使我們受到種種的苦，其根源則在不淨的意。我們若能依次第而修持，便能除滅心的煩惱過患而減輕痛苦，更能得到寂靜、平安和喜樂，乃至迅速成就佛道。

　　一切身、語造作和外境，皆是由心顯現的。例如：眼前我們所看到的台灣，乃至六道輪迴等種種境界。透過次第的修持，能讓我們認識、

轉化自心，從而使自身的身、語和一切外境轉為清淨。例如：密勒日巴大師等許多偉大的成就者，他們沒有真正的痛苦，因為他們本來即是無生的。雖然他們為了度化眾生，示現生老病死相，但在實質上，他們是沒有生老病死的。由於他們明白一切外相皆為幻相，都只是心的顯現；其心已得自在、自主，故而水、火都無法傷害他們。

當我們對心性有了究竟的認識，也就成就了佛道。即使對心僅有些微的認識，也能有所獲益。例如：大多數的宗教、法派的教法和修持，都是在對心有所認識之後，依照某些方法來修持，而得到一些善法功德、內心的寂靜，乃至修出神通變化等。其實，這些都只是對心有某程度的認識所得的結果。

人之所以承受種種輪迴之苦，主要是因心有執著，執著自身和種種外境。因執著這一切假相為真實，而生起種種恐懼。所以說一切恐懼和痛苦的根源，都在於心的執著。佛法的修持主要是如何依次第而除滅心的執著。心的執著能除滅，便能轉化自身和外境；內心和外在的痛苦，便無法影響我們，我們也就能得到成就。

本課程之前行與正行

共前行：觀察修和等持修

觀察修：轉心四思惟法

等持修：令心安住的禪修法

若能於等持修具備基礎，則有助於觀察修的行持；此二者為次第除滅內心執著之共前行。

四加行：皈依大禮拜、金剛薩埵法、獻曼達、上師相應法

修皈依大禮拜，須經口傳和教授，故能刊於書中的僅限其法理部份，包含皈依、四無量心、發菩提心等要點。

修金剛薩埵法須經灌頂和教授，此乃淨業之殊勝法門。

獻曼達須經口傳和教授，此乃集福、慧二資糧的殊勝法門，（以上二者，能刊於書中的，僅限於生起次第的觀想通則——見下篇）。

修上師相應法須經口傳和教授，此乃一切法門中的特勝之法。（書中僅載其法理部份）

正行：止與觀

修止：延續等持修而繼續行深的心安住法。

修觀：觀修空性

明心之旅

大手印第一階閉關課程中，我們將交替地介紹以下各種令心安住、思惟觀修之法，並實地練習。

無所緣之心安住法：「心無造作地安住」

有所緣之心安住法：

1. 透過五根緣五塵
2. 依緣出入息
3. 依緣出入息 & 四大元素（略）
4. 依緣出入息 & 咒語種子字（略）
5. 依緣心念

共前行觀察修：轉心四思惟法

正行觀法：空性

勝觀：自心本性（稍做引介）

明心之旅

第二部

本論上篇 - 共前行 & 修止

修止

修止是一切修持的根本，包含身之安住、心之修持二個重點。

毘盧七支坐法

禪修於身之安住，有所謂的「毘盧七支坐法」，它和氣脈關係密切。

人體有六個脈，分別關係到六種煩惱。要想減弱煩惱脈、增盛智慧脈的最好方法，就是讓脈自然運行，令其正向作用自然產生。比如：中國的太極拳或其他利用運動來修持氣脈的功夫，事實上都是透過身體的運動而令心逐漸寂靜下來；因身心修練而得健康。但這些透過造作來修練氣脈的方法，並不能幫助我們減弱煩惱脈、增長智慧脈。修練氣脈的最好方法就是讓氣脈自然運行。七支坐法要點如下：

1. 雙腿結跏趺坐。能採金剛跏趺坐最好，若不能，則採舒適自在的坐法即可。

2. 雙手結定印，置於雙踝間之腿上。男眾右手疊在左手上，女眾左手疊在右手上，或是男女都將右手疊左手上。結印若不舒服，也可改為掌心朝下、自然垂放在膝蓋上（手臂若較短，則置於雙膝上方一

──以手、臂舒鬆為度。）

傳統說法：一切的萬法具備二種體性——方便和智慧，就如同鳥具備雙翼才能飛翔。一般而言，男性方便較盛，女性智慧較盛。就人體而言，右邊方便的脈較盛，左邊智慧的脈較盛。若能以適合自己的方式安置雙掌，將有助於禪修。

3. 雙肩自然舒展、放平、放鬆。雙臂不要緊靠身軀，應鬆舒而自成圓弧狀。

4. 脊椎中正平直如箭。坐姿最重要的即是保持身體中正平直，不要後仰、前傾或側彎。身體彎曲時，氣脈也會彎曲（易致昏沈）。

5. 頸部中正、微收下顎。頭要不偏不倚、自然而放鬆地坐落在頸子上。這時下顎自然會有點微收，毋需用力收下顎。頸部兩側有脈，若張嘴、頭上仰，脈口也會張開，脈中的氣息便會不斷流動，煩惱氣也會擾動不息而使心無法安住。此外，當頸部歪斜時，身體也會不自覺地隨之傾斜。因此，當我們察覺到身體偏斜時，就要即時調正頸部。

6. 雙唇、上下齒微開，舌抵上顎。嘴既非張得太開、也非緊閉；上下

唇、齒間稍有空隙即可。能舌抵上顎最好，做不到也無妨。

7.　眼張。要自然而放鬆地睜開雙眼，不要用力睜大眼睛或強迫雙眼定在某一視線上或時開時閉。可將視線順鼻尖往正前看、往上看虛空或向下看，此三者可互換。眼睛是禪定顯現之門，修止時，雖可閉著眼修，但最好還是張開雙眼。閉眼修止，會覺得心較安定，卻容易陷入昏沈、甚至癡滯之狀態。閉眼禪修對日後的修持無益。修勝觀時，則須張開雙眼，這會使心清淨無礙。

Q：　禪修時，一定得採七支坐法嗎？

A：　依七支坐法禪修，一方面能拉直體內的脈，使氣脈運行正常，身體的疾病自然會減少。另一方面能讓我們的智慧脈漸漸增長，煩惱脈逐漸調伏，因而有助於減輕貪、瞋、癡、慢、疑等煩惱習氣。

Q：　還是很不習慣睜開眼來靜坐，可以閉著眼修嗎？

A：　是可以閉起眼睛，但最好是眼睛微張，嘴巴微開。一開始我們或許會覺得不太適應，只要多練習就會習慣的。不妨想想：既然在日常生活中，我們都能自然地睜開雙眼和人說話、工作、吃飯…；禪修時，必然也能那樣自然地睜開雙眼——不去在意它，就自然能做

到。

張開著眼禪修，不僅較不容易昏沈，也能減少閉目禪修時可能產生的種種不必要經驗。

Q： 可以用坐墊墊高臀部嗎？那些年紀大或受過傷的人無論怎麼坐，都無法盤坐在地上，又該怎麼辦？

A： 我個人沒有用坐墊的習慣。但只要能符合上述七支要點，一般說來，都不會有什麼問題。

無法盤坐在地上的人，可以坐在椅子上靜坐。

修止──無所緣的安住 （一）

師問：萬法(一切現象)的根本是什麼？

心是萬法之根本。身、語皆是心的顯現，整個世界也是心的顯現。

師問：一切苦的根本是什麼？

一切苦的根本在於執著。眾生會在輪迴中受到種種痛苦，都是因為

執著。

　　所以說一切法的根本是心，一切苦的根本是執著。

　　心之妄念可分為三：過去心、現在心、未來心。

1.　過去心：種種關於過去的念頭。如：回想我去了哪裡、見了什麼人、說了什麼話…。

2.　未來心：種種關於未來的念頭。如：在我們未死之前，總是計劃著未來要做什麼…。

3.　現在心：當下生起的念頭。如：現在要吃什麼、做什麼、去哪裡…。

　　要如何修心呢？首先要了解：我們不是要去斷除妄念，因為妄念是無法斷除的，也沒有斷除的必要。你越想斷除妄念，妄念反而會越多。但也不可跟隨妄念，而使心失去清明的覺知。因此，我們只需讓心非常自然、放鬆、無造作地安住即可。

　　心的狀態不出此二：有妄念生起、沒有妄念生起。若能時時把握覺知、不散亂，那麼無論有、無妄念生起，任何心境都可以是修行良機。

〈禪修練習〉

　　現在，讓你的心無造作地安住一會兒。

「心無造作地安住」，有二種層次：

1.　以完成勝觀修持者而言：其心已全然無造作，具足究竟的智慧——也就是佛的法身。

2.　以一般的修持而言：是指如何令心無造作地安住，這是一種禪修法。

　　心若能無造作地安住，則無論是持咒、繞塔、禪修或行持任何善法，都能成就最殊勝的功德。此外，即使只是一彈指的發心——為一切眾生的成就而修持佛法，便能幫助我們消除十萬劫以來的罪業。

　　「心無造作地安住」是在任何時間、處所都可練習的禪修法，如：吃飯、走路、開車…。在初修階段，每次練習的時間要短，練習的次數要多。若在初修階段，我們就坐上一小時，剛入坐時，好像很容易把握心念，但沒多久，就會發現自己已處在散亂或昏沈中。

Q： 這樣練習沒多久，就開始昏沈起來，該怎麼辦？

A： 若開始昏沈，就要把身體盡量坐正、坐直。若實在無法克制，可以起身，邊走邊修持，那也是個方法。另一種方法是將心安住在昏沈的覺受上——就看著自己的昏沈，把心安住其上。感覺快要睡著時，就去抓住這個昏昏欲睡的感覺，趕快覺醒起來。當再度看到這種昏睡的念頭，就再度覺醒起來，如是不斷地練習。如此一來，昏沈反而成了修持的助緣、依靠。

Q： 若習於以唸咒作為修持，可還有必要練習「心無造作地安住」？

A： 事實上，禪修主要是在修我們的心，光是唸咒是無法成為禪修的。持咒時，若能配合一些禪修法或空性、信心等觀修法，也就能成為禪修。畢竟身、語是無法禪修的，能禪修的是我們的心。

Q： 但是這樣坐沒多久，心就散亂掉了。

A： 初學時，的確無法支持很久，所以是從 5 秒、10 秒、30 秒或 1 分鐘開始練習。慢慢地，它就會自行拉長安住的時間。就像現在我們開始練習禪修，時常會發現心很快就散亂掉。這時，就要能立即覺知散亂，將自己拉回來，安住在這種無造作、不散亂的情境中。不

一會兒，心又打妄想了，就再覺照、再把自己拉回來⋯。一開始都是這樣的，所以要不斷地練習。

Q： 正在練習「心無造作地安住」時，是否平日觀修的一些德行修為，都應暫時放下？

A： 可以，但我們一定要具備悲心和虔敬。在這裡只有散、不散亂的差別，沒有修、不修的差別。我們只需將心非常自然地安住在它的自性裡，為什麼呢？因心本是清淨無垢、本自具足的。當我們刻意要去造作什麼時，也就障蔽了我們的佛性。

Q： 練習安住於不散亂、無造作中，在禪修座中較容易把握，於下座後的日常生活中又應如何把握？

A： 這是需要練習的——每次安住個幾秒鐘，一而再，再而三地練習，我們就能在行住坐臥中安住此心。

心、我執與煩惱

如前所言，修行的次第分為前行和正行。前行如同房子的基礎，基

礎若穩固，房子便會更加堅穩。前行若能修得穩固，我們在修正行時便能更順利、如法。前行若沒修好，就如同在沙子上蓋房子，一段時間後，沙子流失，房子也就跟著垮掉了。

那麼，是誰在修前行呢？
是心在修前行。心又是什麼樣子呢？

<禪修練習>
　　首先，讓我們觀照自心，看看心到底在做什麼？心是怎麼一回事？

在以上的觀察中，我們會發現無法找到自己的心——其實，這是正確的。因為心不可能是色、聲、香、味、觸，我們自然無法看到、聽到或感覺到它；但心卻能了悟到它自己。也就是說，只有自己能識出自己的心來。好比燭火燃燒時，它能照亮外在的一切，也能幫助我們看到它自身，我們並不需要拿手電筒去找燭火。心能幫助我們了悟到一切外境，也能幫我們了悟到它自己。

再者，我們修持時，主要是心在修持——有這種認識是非常重要

的。

　無始以來，我們的身體有生、有死，不停地變換著；而心卻沒有一個開始，也沒有終結或死亡。心如同虛空一般，無有邊際、起始或終點。

　由於我們內心總有執著——依於我執而生起自、他對立等執著；由之產生許多煩惱；也因而造就了六道輪迴。

　任何人都會有這樣的想法——我要快樂、要更舒服。若突然間，有人丟一顆石頭過來，我們都會趕緊抱住頭來保護自己，心中想著：我會不會被打到？我們因為執「我」為實有，才會生起貪、瞋、嫉妒、我慢、慳吝…等煩惱。

瞋恨

　當我們心懷瞋恨時，往往會以為人家在罵我、傷害我、欺侮我，痛苦也因而產生。在這種認知和心境下，我們就無法將心放輕鬆，總有個芥蒂在，也就會吃不下飯、不想說話、甚至睡不著覺。一個瞋心重的人，肯定有很多的痛苦。

　我們的心若能不為別人的言、行所影響，也就不會產生痛苦。就如同（仁波切雙手擊掌）：必須要有兩隻手，才能拍出聲音；只有一隻手，就只能打到虛空。

當我們認為自己受到別人諸多傷害而進行反擊時，也會使對方產生更大的攻擊、防衛性，彼此的瞋心、仇恨就會越來越大。我們若能生起慈悲，比如：當對方打過來時，我們以慈悲對待，使他無法傷害、影響到我們。慢慢地，對方的瞋恨心也會減少。由此可見：自己的瞋心才是我們真正的仇敵。

再者，當我們生起瞋心時，就想消滅仇人。消滅仇人最究竟的方法就是把他殺掉。然而，我們往往會發現，當我們殺了一、二個仇人，就又多了四、八個仇人。繼續這樣下去，我們會發現仇人反而越來越多。

《入菩薩行論》中有個譬喻：有個人走在路上，發現滿路的荊棘、石子會刺痛他的腳，於是他發誓要把全世界的地都鋪上皮墊，以後走路就不會被刺到。然而，他找不出可行的辦法。後來有人告訴他：「你只要把皮套在自己的雙腳上，這樣一來，不論你走在世界任何的地方，就都像地上鋪了墊子一樣，再也不會被刺到了。」同理，我們若能降伏自心的煩惱，對於世間種種怨害也就能安之若素了。

嫉妒

這是另一種自害害他的煩惱。有時，我們會對別人所擁有的福德、知識、財富、名聲…等，生起嫉妒心。這時，就要像在七支供養裡所說的那樣，修持隨喜功德、讚歎。自然而然，別人具有的功德，我們也會慢慢具足起來。若對別人的長處、成就，心懷嫉妒、無法隨喜，總是想

把別人壓下來；人人如此互相傷害，整個社會、世界便會變得險惡。到頭來，身處其中的自己，同樣深受其害。

我慢

有時我們會誰都瞧不起，只覺得自己最好。心存我慢會使我們無法學到更多的知識，無法看清更多的事，也無法進步。

若仔細觀察以上列舉的各種煩惱，會發現它們全是因我執而來：

認為別人傷害我而生瞋心。

認為別人比我好而生嫉妒。

自認最好而生我慢。

——這一切都是因「我」而有。

貪心

貪心更是因我執而生。比如：在聽到好的聲音、聞到好的味道或看到好的東西時，就會想到：我若能得到該有多好！我要怎樣得到？種種貪念皆由我執而生。

又如：擁有一百元時，就會想若有一千元該有多好，這樣就能做很多事。還沒得到一千元時，以為得到一千元會很高興。但是當我們真正得到一千元時，反而不會那麼歡喜。總會想著：我要是能有一萬元或十

萬元，那不是更好嗎？這些都是貪心的表現。

　　當我們生起貪心或欲有所得時，例如：聽到很好聽的音樂，希望能得到它。在想得到、還未得到之間，總會有掙扎——可能很難買到或實在太貴了…等各種的掙扎、痛苦生起。一旦擁有它時，卻突然發現：這也沒什麼！最後，當我們聽膩了，往往又會另覓目標、生起新的貪欲。這時，就又處於痛苦中了。

　　要知道：輪迴的自性，是苦。一切輪迴的事物——錢財、名聲、朋友、父母…，包括自己，皆無實義，因為一切的事物都是無常、變動的。這種認知能幫助我們修行，使心入達寂靜。當我們以為世間是那麼美好、潔淨、快樂、有意義且真實時，一旦無常來臨，我們就會倍感痛苦，而使障礙加深。在我們周遭就有許多實例——很多人從財富或權勢上掉下來、變得一無所有時，他們往往無法忍受這樣的痛苦。為什麼？因為他們未曾體悟：一切事物本是無常、不究竟、空無實義的。

　　就如先前所舉的例子：假若我們現在有了十萬元，卻未了解一切物質皆是無常、自性是苦，我們就會心無饜足地希望能擁有一百萬、二百萬…。就是這樣的心使我們永遠在輪迴裡打轉。即使在如願獲得的那一刻，我們也無法得到真正的快樂，為什麼呢？因為輪迴的本質是無常、是苦。外在的事物無法讓我們擁有真正的快樂，唯一真實的快樂是從內心生起的寂靜和喜樂。

慳吝

　　對於財富，我們總是非常捨不得布施。有時，看到一個很窮的人，生起一念布施之心。從荷包抽出錢時，發現是張千元大鈔，就趕緊把它放回去。再抽出一張百元鈔票，還是覺得太多…。到最後，好不容易找到一、二塊錢，才捨得給他。

　　慳吝也會產生許多痛苦，為什麼呢？因我們總會擔心、害怕失去現有的財富。

　　上述種種，都關係到心對事理真相的了知。譬如：有人在昏暗的房間裡放了一條繩子。另一人走進房間時，以為那是一條蛇，因而生起極大的恐懼。這時，若有了知實情的人走過來，抓起繩子給他看——原來那只不過是條繩子！這時，即使把繩子掛在脖子上，他也不會再有任何的恐懼了。

　　話說從前，印度有個得了眼疾的老婆婆，她老是看到眼前有很多蟲子在飛。她一直認為兒女對她不好，因為她看到兒女給她的食物裡有很多蟲，也因此生了病，肚子裡長了很多的蟲。後來她到德里去，把眼睛治好之後，才知道這一切都是眼病所致，她肚子的病也就自然而然地痊癒了。

　　大約在1920年代，在印度有很多醫生拿人犯來做實驗，這在當時並不受法律限制。他們告訴犯人：「人體內的血液若流光就會死亡。」在

不斷灌輸犯人這樣的觀念之後的某一天，他們就把犯人的眼睛遮起來，在他的手上割一個小小的傷口，之後就在他身旁放個臉盆，讓水一滴一滴地落入臉盆內。犯人心想：「我的血一直往外流著！」三個小時後，他就真的死了。事實上，他一滴血也未流失，他是死於自己的心念。

因此，在密乘裡：瑜伽行者能轉化不淨之身而成就虹光身，這是真實而絕對可能的事。轉化自心便能轉化自身，使我們能真正超越生死。

假設在今天中午十二點，我們要去買一輛車。在十二點以前，車子還不屬於自己的時候，可能別人正開著那部車在城裡溜轉。突然間，他一不小心就把車子撞壞了。這時，看到此一情景的我們，不但不會感到心疼，還可能覺得這個人挺活該、很倒楣，以看熱鬧的心態看待這事件。之後，車子修好了，又亮麗地展示在賣場上。假設十二點之後，我們在不知情的情況下，買下那部車。自己在開時，即使只是一個小石頭彈到輪胎上，光是聽到那個聲音，就覺得心如刀割、全身毛豎、萬分擔憂和痛苦。事實上，早上的車和下午的車，本是同一部車。為什麼買車後和未買前，我們在感受上會有那麼大的差別？由此可知，苦或不苦，不在於車子，而在於我們心的執著。

簡言之，一切的苦樂、困難、疾病、生死等，都是心的幻現、心的造作，乃至未來繼續輪迴，也皆是心的造作所致。

修止——無所緣的安住（二）

「心無造作」是一切修持的根本。金剛乘裡講到：要想成就，就須依循兩種道路，一是方便道，一是智慧道。心無造作是智慧道，完全依於空性的見地而為修持。方便道則是觀修慈悲、生起虔敬心、觀修本尊、發起菩提心。最好是方便、智慧雙運而修，因為此二者本是相互增益的。

因此在練習時，心無造作的禪修和慈悲心等觀修法宜交替地來修持。心無造作的禪修能累積智慧資糧；慈悲心、菩提心等修持，則能累積福德資糧。此二資糧具足，我們才有可能成就佛道。

你們覺得「心無造作地安住」很容易，還是很難？
（某答：心若持續處於無造作的狀態，似乎就會呆滯起來。）

事實上，無造作的安住並不是發呆。發呆的狀態並不具修止的要素——覺知。那是因為在修持時，不知修持的功德、原因和方法所致。無造作地安住，則是在明了修持的動機、目的之下，保有覺知的安住狀態。

修止二關鍵：覺知、不散亂

僅是沒有妄念，並不成為禪修；真正的修止，是不怕妄念生起的。能保有覺知，便不怕妄念生起；失去覺知，則如馬、羊一般。比如：一個張著嘴發呆的人，旁人叫他，他也聽不到；突然回過神來，才問：「你剛才說了些什麼？」雖然他在發呆時，妄念或許不多，但事實上，他的心是散亂的，因為當中沒有覺知。修止時，要能心不散亂，但也沒什麼特別要修的。此時，心是處於無所修而又不散亂的狀態中。

　　以這種方法修止時，心並不特別去依循某一種修法或觀想，只需心無所緣又不散亂，這不是很容易嗎？既不需要觀本尊或做什麼特別的修法，也毋需依緣什麼境界。其實，觀修本尊是很難的──好不容易將臉部觀想得有點清楚時，卻發現嘴歪了；或是本應觀想白色的，卻變成黑色的；或好不容易把頭部觀好了，腳又不見了…。因此有人開玩笑說：「這根本不叫生起次第，而是消滅次第。」即使如此，也是好的，表示我們已開始在修持了。

　　以「心無造作地安住」禪修，就毋須擔心是否觀想得清楚、正確，只需保持一種「我知道」的覺知。這種修持法其實是比其他的觀修更為殊勝，它自然含攝了生起次第、持咒，甚至慈悲心、菩提心等修持的功德。

　　這樣單純的修持法究竟難在哪呢？

　　（此時仁波切將手中課表貼近雙眼：「貼得太近，反而無法看到上面的字了。」）

——正因為它太容易了，反而變得困難；正因為它太貼近自心，我們反而不易看清它、把握其要。

　　在修持時，有時我們會生起強烈的期望——希望透過上師的加持，我們能立即花開見佛、萬念消融，或立即得到什麼樣的結果。由於心存許多期望，反而使心無法完全放鬆，無以展現內在的智慧。事實上，每個人內在都具備佛的智慧，若能不斷地練習「心無造作地安住」，便能更接近佛的法身。

　　若無法把握此法之要領，在往後的課程中，還會陸續教授各種安住心的修止法；此外，觀修「轉心四思惟法」也有助於心的安住。這些都可以和「心無造作地安住」交替運用。

轉心四思惟法

　　於共的前行，已講了執著——執著自己、執著自己之所有。

　　執著又可分為：粗的執著和細的執著。若要次第除滅我們的執著，應先斷除粗的執著，漸漸地也就能斷除細的執著。

　　所謂粗的執著是什麼呢？也就是對此生的身體、財富、名聲等，執著為恆常、不變、實有、快樂的。若能盡量減少粗的執著，即使無法完

全斷除，也能使心得到更多的寂靜和自在。我們可以藉由觀修「轉化心的四種思惟」來斷除執著。

1.　人身難得
2.　生死無常
3.　業及因果
4.　輪迴過患

　　觀修「人身難得」和「生死無常」，能使我們減輕對一切外境、物質的執著；思惟「因果業報」和「輪迴過患」則能斷除我們欲求來世得人天果報、輪迴三界享樂的執著。

轉心四思惟（一）　暇滿人身難得

　　我們今生能擁有人身，是非常不容易的。已得到人身，就須知人身的珍貴，才不會無益地空過此生。人身非常短暫，而且不知何時會失去，故應即時利用此人身寶，好好地思惟、修持佛法。

　　身為人的我們是六道眾生之一。所謂的六道輪迴，分為三善道——天、人、阿修羅和三惡道——畜生、餓鬼、地獄。六道輪迴又是怎麼來

的呢？它是依我們的心而來的。因內心所具的貪、瞋、癡、慢、疑、嫉妒等六種煩惱生起，致使外境輪迴現起：

瞋心生起，則地獄道境界現起；

愚癡生起，則畜生道境界現起；

慳吝生起，則餓鬼道境界現起；

貪心生起，則人道境界現起；

嫉妒生起，則修羅道境界現起；

我慢生起，則天道境界現起。

外在的六道境界，是依我們內心煩惱的生起而現起的。六道中身為人道眾生的我們，只能看到一部份畜生道的眾生，至於天、修羅、餓鬼、地獄等道的眾生，則完全無法看到。

地獄在哪裡？雖然佛曾說：它在雪山之下。事實上，我們無法確切地指出它的所在；因為地獄是依所作罪業而現起的，其餘各道皆然。

依佛法而說，整個世界是由須彌山和四大洲所組成。由於層次不同，我們唯一能見的，是自心業力所顯現的境相。對於天界或其他許多比我們層次高的世界，不論佛經說它是什麼樣子，我們其實是無法親眼見到的。同樣的，我們也無法見到地獄、餓鬼等道。我們現在所見的一切，都是自心的顯現。由於自心的顯現不同，因此天人能看到的，我們看不到；地獄眾生能看到的，我們也看不到。各道眾生、所見也不同。

人身難得——我們叫它人身寶，為什麼人身如同寶物呢？是因為我們能利用人身來學習佛法、修持教法、覺證解脫。

Q： 為何佛菩薩就能看到各道眾生的痛苦？

A： 菩薩因具備神通自在，故能看得到眾生的痛苦。很多有成就的修行者，如大寶法王及大司徒仁波切等，依於他們的修證，他們也會知道過去、未來因緣的變化和因果的關係。再者，若依他力，如：承成就上師的加持力，我們也有可能看得到。此外，世間一般人，也有不少人能看到過去許多事情。再如，現在國外流行的催眠法，即是透過他人的引導，而能回憶十歲、五歲時的情景，甚至回溯到剛出生時，乃至前世。也有些人會看到他自己曾經歷怎樣的死亡，因而產生那樣的恐懼感，如：被水沖走、被人謀害、在鍋中被煮過…。凡夫眾生因執著我而生起種種煩惱；因煩惱而造作許多的業；因造業而輪迴於六道。

Q： 各道境相既是心識所現，身處人間的我們是否也能體會到地獄之苦？

A： 雖然我們也會感受到飢餓、寒冷、炎熱…之苦，但事實上，我們所承受的仍屬人道眾生的苦。我們可以說：人間有的痛苦和地獄的痛

苦相似，但「相似」和「就是」仍不相同。地獄道的苦，不是我們承受得了的。

Q： 菩薩不是在救度眾生嗎？為何六道中依然有那麼多受苦的眾生？

A： 菩薩是在救度眾生，但他無法救眾生的業，為什麼呢？佛陀也曾說：我示眾生解脫道，道須眾生自己走。

因此在藏文的皈依文中：佛為依止的上師，法為救護的上師，僧為憶念的上師。它並未說：佛為救護的上師，而是講：法才是救護的上師。但也不能因此認為：向佛祈請就沒有什麼功德、用處；因為信心本身即是法。我們若具小的信心，就得到小的加持；具中等的信心，就得到中等的加持；具大的信心，就得到大的加持。所以說透過信心之法，我們也能得到佛的加持。對於救護的正法上師亦然。

所謂的救護，就是把我們從輪迴的痛苦中救護出來；除了依靠正法之外，別無可能。因此佛力再大，也無法救度業力俱全的眾生。我們必須透過自己對佛的祈請，並且實修正法，才能得到他們的救護。譬如：信心是環，佛的悲願為鉤。若眾生不具備信心之環，任憑佛陀悲願的鉤子再銳利，也無法鉤住石頭般的東西；若能具備信心之環，則佛陀的鉤子就能很容易地鉤住它而為救護。

Q： 三惡道的眾生能修行嗎？

A： 三惡道的眾生是無法修行的，因為他們不具備修行的條件。

我們為什麼要迴向？主要即是透過迴向的力量，來幫助他們。迴向一切的眾生指的是盡虛空、遍法界的眾生，不只是三惡道的眾生。雖然我們的迴向力極微小，但對眾生多少還是有點助益的。

我們做大禮拜或煙供、火供，有兩個目的：（1）於現前，能對一切眾生有些許助益。（2）藉此和眾生結緣，使我們在未來成佛時，佛行事業能更廣大、能救度更多的眾生。

Q： 為什麼有些人修持「轉心四思惟法」，就能立即心生恐懼、厭離而發起修行之心，有些人卻不會生起如此之覺受呢？

A： 那是因為信心有別。有些人真正相信佛陀的教法，聽聞後就認真地觀修、思惟，從而生起畏懼無常之心，便會即時把握時間修行。有些人則聽到地獄等說法，就覺得像在說故事或外太空的事一樣。另一些人則覺得上師大概都是照著經典說，他說他的，我往下看，仍只看到地，往上看，也只看到雲…。這些人因為認識不夠深、信心不夠強，所以無法生起覺受，在修持上就會較困難。

有時，就算是一些業障深重的人，你告訴他一些佛法的道理，他即能因這一點點的法而轉化心念、得到法益。最怕是修行上的老油

條，雖然聽了很多的教法，卻未生起真實的信心、也不去實修，佛法對他們反而難有助益。

Q： 佛陀教導我們不要殺生，但對於過去已經殺的，又該怎麼辦？

A： 當然我們要盡量不去殺害、欺凌其他的生命，但若不小心做了，也要能懺悔，並且盡量迴向功德給他們。

懺悔能幫助我們清淨許多罪障。有意去殺，就有罪業。但若能真誠懺悔，還是可以清淨的。不論多大的罪障，都可以用懺悔的方法來減輕或清淨我們的罪業。但可別說：「好吧，我待會兒會懺悔，不過——我現在要先殺了你！」這是絕對不可以的。

Q： 植物人可有心識？若有，為何他會動彈不得？

A： 事實上，他們還是有心識的。心是依身而住，他們的情形就好比：車子壞了，任憑開車的人再怎麼能幹，也沒法開動那部車子。又好比：鳥的腳上綁了大石頭，牠就無法飛起來；一旦去掉石頭，牠便能翱翔天際。

珍貴人身具備兩種特質——八有暇和十圓滿

（1）**八有暇**是指——不生於地獄道、餓鬼道、畜生道，以及不生於邊地、不生於長壽天、不生於邪見家、值佛出世和諸根具足等共八種有暇，故能學修佛法。

我們具足人身寶，遠離了八難(八無暇)：

1. 地獄眾生：無有止息地承受著冷熱等各種痛苦，故很難學修佛法。

2. 餓鬼道：飢渴難耐，永遠在尋找水和食物，故無法學修佛法。

3. 畜生道：因愚癡，無法學習佛法。例如：你告訴一頭牛，牠只要唸一聲六字大明咒即可解脫，牠也無法唸出來。

4. 邊地：在野蠻落後的地方，根本聽聞不到佛法。

5. 天人：擁有各種欲樂享受，但因不知痛苦，便無法生起出離心而修行佛法；無法生起具道的智慧，也就沒有即身成就佛道的機會。

6. 邪見：無因果觀念，樂於行惡、厭於行善，無法修行。

7. 未值佛出世：佛陀若未出世、未於世間轉無上法輪，我們也就聽聞不到佛法。

8. 諸根不具：如聾啞之人，生理上有嚴重的障礙，無法聽聞、領受教法。這也包括精神完全受損之人。

<禪修練習>

依口訣教法，我們應將止與觀交替練習。

在此先作觀察修：於不淨作觀修，思惟三惡道的痛苦——觀想自己身處地獄時，周圍變成熾熱的銅鐵，獄卒用燒燙的鐵鉤、鐵叉擊刺我們；每走一步，地上就噴出火來燒灼我們。思惟一下：在那種情況下，我們有可能生起修行之心嗎？

如是思惟觀察之後，我們可能會心生恐懼而感到痛苦。事實上，這種痛苦的生起也是一種功德，因為它會使我們生起精進實修之心。思惟地獄的苦境，也是一種修止的方法。修止即是令心專注於一境，當我們專注於思惟地獄苦境時，心也會變得專一。

觀修地獄的苦境，也可用以修心。菩薩總是觀想眾生的痛苦，以「自他交換法」來承擔眾生的痛苦，使其得到安樂，這也是一種觀察修。

初學者在觀修生起次第時，往往無法立即觀成佛菩薩莊嚴的身相。

透過思惟地獄苦境等不淨之觀修，會使我們在未來修生起次第時，能得清晰、穩定的觀想。

六道輪迴的一切，皆是心的顯現。若能依此知見而為觀修，將有助於我們生起空性的見地。同時，我們也不會再為外境束縛而受苦，譬如：當你了知夢境非真，就不會再為夢境所惑、所苦了。

〈禪修練習〉

先作不淨的觀修，之後再心無造作地安住著，二者如是交替練習。

首先觀修、思惟三惡道眾生，專注一心在這些輪迴眾生的痛苦上；當心煩躁起來時，再把心收攝回來，安住在無有造作的情境中，如是交替練習。

為求個人福報而行布施、持戒…等善業，此乃有漏之善業；當我們得到該善業的果報時，該善業的因也就消失了。若行善法的發心，是為了利益一切眾生成就佛道，此無漏善業的功德是不會消失的。有漏善業之功德是有限的；無漏善業之功德則無限。

我們此生若無法體認人身難得、不知利用人身精進修持，則過去和現在所造作的善、惡業，必定會在來世得到善、惡的果報。若說下一世我們有墮入地獄的可能，我們不妨想想：現在只要天氣熱一點或冷一點，我們就已經受不了，更何況是到極寒、極熱地獄去受那樣的苦。再想想還有那麼多的眾生正在地獄受苦，我們自然會生起大悲心，並不斷將修持的功德迴向給他們。再加上我們對自身罪業的虔誠懺悔——如此，我們自然會減少很多的執著；在未來修持時，就會更善順、於法更容易了悟。

　　當我們了解輪迴的過患而對輪迴生起恐懼、出離心，自然會更加精進地修行而生起極大的法喜。

　　在講完「八有暇」之後，接著來談「十圓滿」。

　　（2）十圓滿：包括五自圓滿和五他圓滿。具足二者，也就具足了十圓滿；若不具足，我們也要盡力懺悔、累積功德，希望將來能具足十圓滿。

A．五自圓滿

1．得人身

2．生中國 （生於有佛法之地）

3．根具足

4. 無宿業顛倒、未造五逆重罪

5. 深信三寶

B. 五他圓滿

1. 值佛住世

2. 佛轉法輪

3. 佛法住世

4. 僧團住世：得善知識慈悲教導

5. 修持因緣具足：如各種族階級皆能自由地學修佛法

人身難得可從善因、比喻和數量等三方面來說：

* 善因：

若以持戒而得人身為例：戒有皈依戒、五戒、菩薩戒…等。但去受戒的人多，能真正持守戒律的人很少；覓道的人多，能如實求法的人少，能如法修持的更少。眾生容易樂著不善之法，例如：不需去學習貪、瞋、癡、慢、疑等煩惱心，它自然就會生起；但好不容易生起了悲心，瞋心卻緊跟著來，這就是眾生的困難。又如：禪修時，昏沈重、妄念多，要不然就是頭痛、腳痛…；一旦去看電視或聽歌，卻又能即刻忘掉種種的不適，甚至還會忘了自己的存在。

若未造作善因，就無法得到善果。如上所述，善因確實很難培成，因此人身的善果也就很難得到了。

* **數量：**
　地獄道的眾生如同世界的微塵那樣多。
　餓鬼道的眾生如同河裡的沙子那樣多。
　畜生道的眾生如同一滿盆的沙子那樣多。
　天道和人道的眾生如同可放到指甲上的沙子那樣多。

* **比喻：** 每百年才浮出海面的盲龜，恰巧以頸鑽入浮木孔的機率——人身如是難得！

「暇滿人身難得」觀修之利益

　我們現在已值遇佛法、已遇善知識、已得口訣和教法，又有時間修持——此生就掌握在自己手中！如上述之種種修法，皆可在行住坐臥中把握、修持。今生若能如實修行，來生必然不會墮入輪迴，當生也有即身成就的機會。

　放逸和懈怠是我們修持時最大的障礙。好不容易生起出離心，於實修卻一天拖過一天，到老時還在等明天再來修，直到死亡來臨，已後悔

莫及。這樣也只有等到來世或到地獄時再修了,但地獄又太苦無法修行。我們既然已得暇滿人身,就應把握當下認真修持。

依上述方法思惟人身難得和輪迴過患,能激發我們精進修法之心;修持時也較能突破困難、障礙;同時,也能激勵我們維持長期的發心和修持。否則,就像沒打地基的房子,當下面的沙土被沖走後,房子也很快就垮了。

有的人會為了得到短暫的快樂、利益,甘願冒著生命的危險、甚至入獄的危險去爭取。我們則是為了成就佛道、得到究竟的利樂而努力,有著更為殊勝的人生目的。

人比天道眾生更容易生起修持心。天人沒有貪、瞋、癡等粗的煩惱和痛苦。沒有煩惱,就很難生起智慧;沒有痛苦,就無法發起出離心和修持心。

我們為何會有那麼多的妄念、心總是無法安住下來?問題的根本是在於我們對世間的貪著,致使關於過去、未來的妄念不斷生起。當我們生起出離心、放淡對世間的執著時,妄念自然會減少;當我們隨著修持而心能逐漸專注時,出離心也會更加穩固。這時,心也愈能放鬆而安住了。

<禪修練習>

　　前行的觀察修——思惟、觀修三惡道和八無暇的境界，有助於我們生起出離心和無常心。觀修時若感到自己過於緊繃，可以改為修止，令心無造作地安住著。二者互相交替、互為增長而來修持。

觀修小結

＊　何謂八無暇？
…（參前）

＊　觀修人身難得（不淨之觀修），有何利益？

——可令我們(1)認識人身之價值(2)減輕對世間的執著而生起出離心(3)生起精進修持之心而使修行更容易。

　　此外，還有助於(1)修持禪定、禪觀(2)修習「自他交換」等增長悲心之方法(3)修持生起次第(4)了知空性。

Q：　我們的色身如何與意識結合？

A： 我們的色身，先是由各種微塵依因緣和合而成，最後意識進入到這微塵和合的身體裡，就成為人身。於生，佛法說：有胎、卵、濕、化四生。如：地獄道眾生皆是化生，他們毋須透過父精母血的方式，在一彈指間就化現出來了。

科學家已做了許多研究，也使佛法有了更多的明證，證明佛陀在很久以前所說的道理。

Q： 舍利有種類上的分別嗎？

A： 舍利有二種：一種是從骨頭而生的舍利，另一種是從血肉而來的舍利。從骨頭而生的舍利非常堅硬，切不開；從血肉而來的舍利是軟的，可切得開。事實上，舍利只不過是上師加持力展現的方法之一，他們是為眾生和弟子而示現的。

修止——無所緣的安住（三）

令心無所造作、不處理，但也不散亂。此時心是覺知而放鬆的。

心放鬆的譬喻

* 某甲的僱主把大量的工作交給他，而且限定他必須在一日之內完成，完成之後，就會給他一輩子衣食無缺的報酬。某甲於是整日賣力工作，果然在約定的時間內完成，也領到了報酬。他回到家裡，雖然感到身體非常疲憊，但內心卻有一種輕鬆感，因為從此衣食無虞，也就毋須工作了。這時，慵坐在搖椅內的他，突然感覺「什麼事也沒有了」——這種無造作的放鬆感。

* 如：捆綁住的稻草，其束繩被刀割斷時，那種鬆散開來的感覺。

* 如：平靜無波、光亮寂靜的海面。

修止——有所緣的安住（一）

透過五根緣五塵

　　若於「心無所緣、無造作而安住」的禪修法，一時之間無法把握要領，則可依有所緣的安住法來修止，如：透過五根緣五塵來收攝我們的心。

　　我們都有眼、耳、鼻、舌、身等五根，終日攀緣色、聲、香、味、觸等塵境，內心因而生起善惡等各種分別。我們可以藉由收攝某一根，

來將心安住其上。

透過眼緣色

雙眼找尋一點，然後只是單純地看著那一點，心也安住其上。

<禪修練習>

在此講堂內，有各種的物相、顏色⋯。現在，各位就依上述的要領來練習「眼緣色」的禪修法。

現在，讓心無造作地安住一會兒之後，再繼續如上之練習。

Q：在日常生活中如何延續無造作、不散亂的心？當煩惱來時又如何安住？

A：比如：喝這杯茶時，我們還是可以心無造作、不散亂地把茶蓋打開、端起茶來喝。在心不散亂下，我們仍然能做任何的事。當心完全無散亂時，我們只需當下安住，不需依托特別的方法。這種安住可以非常短，像是 1 秒～5 秒之間。比如：於講話中的間隔，心即可如是安住。這時，因心中不存任何希求、恐懼，反而能

生起更多的妙想、創意。

平常我們的心總是會有很多的希望和恐懼，心中想的不一定說得出來，擔心別人會怎麼想…，總是會有許多的罣礙。當我們能安住於自心而不散亂時，也就不會有任何的恐懼、希求，也就不會像平常那樣該說的不說，不該說的說了一大堆。

當煩惱生起時，我們要能用這種方法來讓心安住，煩惱就會自然而然消失，為什麼呢？因為心的自性本無煩惱，煩惱乃是造作的產物。因此心只要無造作地安住，便能減輕煩惱。

Q： 以眼緣色的方式禪修時，眼睛專注在某一處稍久，視線就會模糊或專注點移動，這時該如何？

A： 當眼睛專注於一點時，有時會發現旁邊的視野模糊了起來，甚至遮住了專注點，或是那個專注點會跑來跑去…。當這種情況發生時，就要令心無造作地安住下來，在稍微安住之後，再繼續眼緣色的禪修，如是交替修持。

Q： 何謂煩惱障？所知障？

A： 煩惱障：當貪、瞋、癡三毒生起，使我們的心無法自主，而有各種
　　的困擾、紛亂、痛苦產生，是謂煩惱障。

　　所知障：雖知自、他非實有，甚至也不生執著了；但仍有自、他顯
　　現之分別。即使是登地菩薩，在未成佛之前，都還是會有所知障。

透過耳緣聲、鼻緣香、舌緣味、身緣觸

　　以身緣觸的禪修法為例：當我們感到病痛時，我們若隨著痛感打
轉：「好痛啊！」這時反而會覺得更痛。如果我們能把心安住在痛覺
上，讓它成為修持的助緣，痛感反而會減輕。這時，我們並不需要真的
進入到病痛裡，只需將心安住在痛的覺受上即可。有時愈痛反而心愈不
容易散亂，因為心有了顯著的依托。在日常安適中，心總是四處流竄；
當它被痛感抓住時，我們若懂得將心安住其上，痛感反而成了修止的方
法。

〈禪修練習〉

　　現在，我們以幾分鐘的時間來練習「耳緣聲」的禪修法。

　　各位可以聽到冷氣聲、鳥叫聲…等各種聲音，就將心放鬆
地安住在所選擇的聲音上。

　　心再無造作地安住一會兒。

心無造作乃是最佳之修止法，若無法如是單純地安住，也可依上述所講——透過五根緣五塵的方法來安住我們的心。這些修法的關鍵是什麼呢？就是心要能保持覺知而不散亂。

　　保持覺知、心無造作地安住，這時心沒有任何的依托。所以也不要去想：我們是在修什麼？這樣修好不好？是否有錯誤…？不要有這種希求、恐懼心。這本是一個非常容易的方法，它和我們平常的心念，只有散、不散亂的差別而已。

　　再做個比喻（仁波切以手指向各方）：指前方、指右邊、指左邊、指上、指下——其實，所指的皆是虛空。我們若能心不散亂，自然能安住於禪修中。

　　保持一種「知道在做什麼」的覺知而心不散亂。這是一切修持中最根本的方法，我們一定要勤加練習。

Ｑ：　禪修時，五根等感官會覺知到體內的種種變化現象，應如何看待之？

Ａ：　會這種現象產生，是因為我們體內氣脈不通，所以對那些變化現象毋需希求或恐懼。禪修時，莫存任何希、懼之心。

Q: 在聽音樂時，心會隨著旋律起伏，這些是否也是妄念？

A: 那是一種妄念分別。起伏高低的音樂旋律與內心的習氣種子相遇合後，就會產生妄念、感受或境界。以禪修而言，聽音樂時，不要去執著樂聲；心不要隨著旋律節奏而進到音樂裡、為境所轉。我們只是單純地聽著聲音，讓心不散亂地安住其上。

事實上心只有一個，譬如：眼能見、耳能聽、鼻能聞…，都是一個心在運作。但心非常快，它可在一彈指間分別透過五根而緣五塵，使我們以為這些都是同時進行的，其實不然。

Q: 心散亂與否，是否依有無妄念生起而論？

A: 比如：喝水時，心是可以不散亂的。首先，我們要提起修持的心念，然後覺知著自己把水拿起來，喝下去，又把水又放了下來。心裡始終保有這種覺知，即是不散亂。

所以，心散、不散亂，不在於生、不生妄念，而在於有、沒有覺知。

此種禪修法可以有二種情況：（1）以很短暫的幾秒、幾秒來練習無造作地安住。比如：利用說話中的間隔，它有好幾秒可以令心安住，這是一種方法。（2）心覺照著我們的念頭、所說的話和說話的

意義上。清楚地知道自己正在說話、在想什麼、在說什麼…，這是第二種方法。二者都是建立在心的覺知、無散、放鬆之上。

Q：開車時，也可以這樣禪修嗎？

A：可以。這樣的修持會使我們行車更安全。我們之所以會出問題，是因開車時，心神散亂，打各種妄想，心不在開車、路況上。心急躁，例如：搶路、超車、隨意變換車道，都可能導致各種危險發生。所以當我們能於心中保持覺知，明了一切狀況，反而會使行車更安全。

我們隨時都可以修止。若時刻都能保持無造作、不散亂，不論我們是在學習或在工作，心都會變得更為專注、更有效率。若心總在急躁、散亂中，則無論做什麼，本來一天可以做完的事，可能要二、三天才能完成。

當我們處在覺照——很清楚地知道的情況下，我們還是能讀書、走路、喝茶，能做一切的事。

Q：請仁波切舉例說明「無造作、有覺知」的狀態？

A：就如：看著鳥飛過去…，又飛回來了——我們只是單純地知道這一切，就可以了。

修止──無所緣的安住（四）

「心無造作地安住」之譬喻

* **如同呆子找牛**：平常放牛吃草時，牛會自然會回來。對呆子來說，他甚至不會有這些心念──要去找怎樣的牛、怎麼去找牛、到哪裡去找牛…？要像這樣地把心安住下來。

* **像看待狗屍一樣**：路邊的狗死後，沒人會去管牠、心疼牠，或覺得有什麼了不得。我們對待善、惡等念頭，也要如同看待狗屍一樣，一點也不執著、不在乎。

* **像得麻瘋病一樣**：對我們所貪著的許多事物，如：美好的外境、自身的美麗…，都要像得了麻瘋病的人一樣──他對自己不會有太多的愛執，別人對他也不會生起貪著。

* **像看待人的屍體一樣**：對於屍體，任何人也不會生起執著和貪念。我們對一切境界、妄念，包括自己，都要如同看待屍體一樣。

* **無念如瘋子**：瘋子心裡，完全不會有任何造作出來的念頭和想法。所謂的「無念」，並不是沒有覺知，而是沒有造作出來的意念。比

如：修行後，一切是否會變得更順利呢…？不要有這種種的希求心、貪著心、執著心。

* **心如虛空**：心如虛空遍一切處，無有障礙。

* **心如玻璃**：內外清澈透明，洞照無礙，此即心之本性。

* **如同嬰兒逛百貨公司**：他能看到店裡現有的各種東西，但他不會去分別這是好的、貴的、美的、醜的…。他可以看到一切東西，但不生執著、分別。

清明了知而無執的心

修持的心要，濃縮地來講，就是要能對內外一切，清明地了知、覺照但不執著。諸佛體性如來藏或諸佛的智慧，即是如此。大手印、大圓滿、大中觀三者說的也都是同一道理。佛陀說了無量法門，其根本，就是在教導我們如何體悟這清明了悟而無執的心，這是一切修持的目的。

我們的心本是清明了知而無執的。好比：這房子裡的種種陳設和人，我們都能看得到、知道；但我們不需要心生執著、分別。如是安住時，雖然仍會生起一些念頭、想法，這是無妨的。重要的是：心要能安

住在完全清明了知和無執之中。

即使我們每天能念十萬遍的咒語或把大藏經讀一遍，也比不上這樣安住一分鐘。心若能經常如此安住，便能自然而然了悟自性。在「直指心性」的許多方法中，這是最能幫助我們了悟心性的方法。

若仍無法把握「心無造作地安住」的要領，仍可依其他的方法來禪修。先前已講過透過五根緣五塵的修止法，接下來要講的是依緣出入息的禪修法。

修止——有所緣的安住（二）

依緣出入息

只要我們還活著，就會有呼吸；因此，呼吸是我們隨時隨地都可利用的修止依緣。

依緣出入息的修止法可分為二個階段來練習：

階段一：以放鬆的心單純地看著呼和吸二部份——毋需帶有「努力集中」的意圖，就如同眼緣色的修止法，只是單純地看著一入一出的氣

息。練習一段時日已能把握之後，再進入第二階的練習。

　　階段二：完全相同的要領，只是在單純看著一入一出的氣息之外，還多了之間的住息。亦即入息——住息——出息。所謂的住息，是氣吸入之後、呼出之前，氣在體內有一段停留的時間。這是呼吸自然會有的過程，並不是刻意去屏住氣息、閉氣，這一點必須區分清楚。亦即是以放鬆、單純的心地看著自然而放鬆的呼吸過程：入息——住息——出息。

（以下，氣脈之實修部份已略，僅保留相關知識。）

Q：　氣脈和煩惱的關係？

A：　一切的修持，主要是在降伏煩惱。在一開始講禪修坐姿時：「人體有六個脈，分別關係到六種煩惱。要想減弱煩惱脈、增盛智慧脈的最好方法，就是讓脈自然運行，令其正向作用自然產生。」其後在談到外氣、內氣、密氣時也說：「三毒煩惱的氣，使我們心浮氣躁、心意煩悶；智慧氣則為內心之智慧和對萬法之體悟。」。
　　許多成就者，由於過去修行的力量，他們今生的煩惱自然比一般人來得少而輕。我等凡夫則有較重的煩惱氣，隨著氣脈的運作，便生起許多的煩惱。

但依於身也能轉心——人體內有各種氣脈在運行，它們固然是煩惱安住之所在，但若能依法修持，智慧也能從中開顯。

Q： 開始禪修之後，為什麼妄念反而變得更多？

A： 在禪修時，身體的氣脈多少都有一些轉變。在一開始時，會發現妄念、煩惱反而比以前多，甚至昏沈、掉舉的情況也更嚴重，這主要是和氣脈的運作有關。比如：杯子裡本來就有許多灰塵，但杯子乾的時候，我們不覺得髒；一旦用水沖洗，那些灰塵便立即變成黑色，我們才看到它的髒。

「人身難得」觀修小結

要成就佛道，就得依止人身。人身甚至比天人身更為珍貴，因為天人雖然可有少量的修持，但無法像人道眾生有生起見道智慧、能即身成就的機會。我們實在要好好珍惜這暇滿難得的人身。

遍虛空的如母眾生，都希望得到快樂，卻不知如何積聚快樂的因；都希望遠離痛苦，卻不知如何去除痛苦的因；雖欲求快樂，但所作所為形成的卻是將來受苦的因。

我們自己不希望受到痛苦，一切眾生莫不如此，只是都不知道要怎

樣去成就快樂、去除痛苦。經典：我們雖想成就快樂，但無明煩惱卻像對待仇人一般地扼殺了快樂。也就是說：我們時常為了得到一時的快樂，而去欺騙、謀取各種利益。雖然得到暫時的快樂，但也招致更多的痛苦。

由於對「我」、「他」的分別執著，使我們不斷在生、老、病、死中輪迴流轉。在輪迴中，只要順於我，就心生喜樂；遇逆境，就傷心難過。我們如此，眾生亦然。所以一切眾生都是從無明而來的。

由於無明，使我們以為外在的器世間、內在的有情世間之一切皆是真實、堅固、不變的。因此，遇火時會感到灼熱，遇冷時會感到寒冷，捶打桌面也會有堅實的痛感。可以想見：地獄眾生所受的冷、熱之苦，是何等難忍，他們又是多麼真切地感受著那種種的痛苦。

一旦我們能明白這一切都是心的顯現，那麼外境的幻相就會消失。就如佛陀和密勒日巴尊者，烈火也無法燒傷他們。為什麼呢？因為他們已經明了一切都是夢幻，因此空性的火無法燒到空性的自身。對於各種夢境，若夢中的你能了知這一切都只是夢，那麼，夢中的你從懸崖摔下來，也不會真地摔斷腿；在夢中也不可能真地被火燒到、被水沖走。當我們識破一切皆是幻相，幻相滅去之時，也正是成佛之刻。

當中差別在哪呢？就在覺與不覺，知與不知。

眾生因無明而流轉於輪迴諸苦中，唯有成就佛道，方能出離痛苦。我們是一切眾生的孩子——無始以來，沒有哪一眾生不曾做過我們的父母。今天，我們要為生生世世的如父如母眾生們，祈願他們早成佛道。因此，我們更要把握珍貴人身，精進修行。

轉心四思惟(二) 生死無常

無常可分為：

粗的無常：時間相續的無常，指外在的器世間和內在的有情世間，包括我們的身體等一切現象皆是無常的。

細的無常：須臾的無常。

思惟粗的無常

佛說四大洲及須彌山所組成的世界，在最後的火劫燒盡時，一切皆成空。

內情世間的一切眾生，即使是已成就佛道的佛陀，仍在雙樹林間示現涅槃，以示無常之理。因此我們現在也只能聞其名號，無法親見其人。

印度八十四位成就者和藏傳許多大成就者，他們雖已證得身心自在、飛天遁地…，仍須示現無常，所以現在我們也無法看到他們。

　　世間的國王、大臣、宰官、商人…等，不論多麼有權力、財富，命終之後，我們現在連他們的屍骨也無法見到。

　　在我們將死之時，是無法和地獄的閻王、獄卒討價還價或加以賄賂的。即使我們藏身在九層金剛鐵所鑄成的屋子裡，吃穿不愁，以為萬無一失。一旦無常到來時，我們就像那從酥油中拔出的一根毛——酥油不會沾著毛，因此只有毛獨自被拔了出來。平常我們依托的外境於此時已無法保護我們，最後只有獨自面對了。

　　當死亡業力現起時，唯一能幫助我們的，就只有佛法和我們平日的修持。那時，即使是無量壽佛來給你長壽灌頂、金剛手菩薩來為你除障、藥師佛給你長壽丸吃，你也無法減輕死亡的業力、迴避無常。

　　有生必有死，此乃緣起之法則；唯有成就佛道，方能超脫生死。當我們依止具德上師時，會發現他們也會經歷生老病死。事實上，大寶法王、大司徒仁波切等具德上師，他們就像佛陀、歷代祖師一樣，事實上已超越生死、已證無轉金剛法身。他們為了應和眾生的需要而來到人間，因此他們示現眾生相，好讓我們能見到他們；示現生老病死以示無常法則。試想：連已自主自在的他們尚且不離無常法則，何況是我等無

以自主的生命，更是如水泡般危脆。

　　有生必有死，有合必有離，有聚必有散。現在我們看到聚合在一起的親眷、財物⋯，最後仍會離散。世間一切的事物皆無實義、不離緣起緣滅之法則，故對世間一切毋須過於希求、依托或寄望。很多人早上還很富有，到了下午卻變得一無所有，現實生活中此種例子比比皆是。

　　不論佛陀、上師、國王、大臣、軍人⋯等，沒有人能不落入無常，任何人都無法避免死亡。由於我們不能體認世間一切皆是無常，而執以為常，因此總活在混亂當中。執著，便是種種混亂的主因。

四種妄執

1. 執淨：執著財物、血肉和合之身⋯是潔淨美好的。

2. 執樂：執著身邊的親友、財富、名利、現有的舒適生活⋯為快樂的泉源。

3. 執常：總以為昨天的人事物和今天的是一樣的。事實上，一切事物分秒都在變化，而我們無法觀察到這些變化，便執著地認為這一切都沒有什麼改變、是恆常的。總覺得自己死不了，甚至也覺得親朋好友都不可能突然死去，總以為大家都會活得很久。

4.　**執我**：對自我的執著，此乃一切執著的根本。

觀修無常的三種方法

1.　**我一定會死**：不論是我們身旁的人或世間駐留過的人，不論貧富貴賤，最後都不免一死。甚至將來我們再次出生，也仍須面對死亡。今天才出生的孩子或八十歲的老人，一百年之後，都一樣不存在了。有生必有死，此乃輪迴法則。

2.　**不知何時會死**：大多數的人會以為自己今年不會死，二、三年後也不會死。或是以為自己還很年輕，所以不會死。事實上，年輕並不能使我們遠離死亡，有很多一、二歲或八、九歲的年輕人現在都正在面臨死亡。或是以為自己身體很健康，離死還很遠。事實上，有多少人今晚還意興高昂地聊談著，第二天就死了。其實，我們根本不知道自己今天晚上或明天什麼時候就要面臨死亡。一位西藏的大成就者曾說：在藏地，每個人都知道自己會死，但都不認為自己很快就會死。因此佛說：一切憶念之中，以「念死」最為殊勝。佛也說：若我們以三千年的時間在三千大千世界裡，不停地向一切的阿羅漢頂禮；此種功德，也比不上觀修無常來得殊勝。

3.　**死後一切都帶不走**：就算我們現在擁有全世界最多的財物、享樂

和幸福，一旦死了，我們連一根線也帶不走；既帶不走錢財、名聲，也帶不走色身。我們的壽命有多長呢？少有超過一百年的。既然我們最多能活個百年，終究必須面臨死亡，死亡時，除了正法之外，也沒其他的辦法可以幫助我們。死後中陰時，我們沒地方可去爭吵、訴訟或談生意⋯。唯一能得救護的方法，就是利用還活著的此生來修持佛法。

若能這樣如實觀修、思惟，就能逐漸減少、遠離對世間的貪著。

我們能不能成就？事實上是可以的。我們已值遇佛法，又不知自己何時會死；因此在我們還能自主的每一個當下，即使只能唸一句六字大明咒，都應把握修行良機。

從前，西藏有一位非常有名氣的上師，各地的信徒都來供養他，因此他的寺院也就特別富有。這位上師有一個專門管帳的總管，他把人們供養給上師的所有珍寶、財物，全都仔細地收藏起來，一點也不肯拿出來建設寺院或改善僧人的飲食。上師也對他說：「你應該把淨財拿出來建設寺院、塑立佛像、改善僧人的生活。」但他聽不進去，總是對上師說：「等我們老了時，寺院也破舊了，那時我們再把錢拿出來建設。」上師也不再多說什麼。

有天，上師對總管說：「到我們老的時候，可能都會需要用到這些財物，甚至下輩子都還會需要用到它。」總管一聽，便萬分歡喜地說：

「是啊！上師，您說得真是對極了！」上師就說：「既然如此，那麼我教你一個方法——在這所有的財物裡，金子最為貴重。現在你應將金子熔化，做成二根針；一根你自己留著，一根給我。」

總管便歡喜地回去，將純淨的金子煉成二根針，然後拿著一根針去供養上師，上師也很歡喜地接受。這時，上師又對總管說：「問題是——我們要怎麼帶走它呢？我們不知道自己什麼時候會死，如果事先未準備，慌亂中可能就會忘了帶。所以，你現在就去想想：我們死時，要怎麼帶走這些金針。」

總管把針帶回去之後，就想：「究竟要怎麼帶到來世呢？放在口袋裡？還是綁在腰上…？」任他怎麼想，也想不出一個辦法來，他就這樣徹夜未眠地苦思良策。

到了次日清早，總管因為無法對上師交代而感到難為情，他滿懷羞愧地帶著金針去見上師。上師問他：「你已經想出法子了吧？」總管支吾地說：「還沒想到。但我真的想了很久——無論是放在衣服口袋裡，或吞到肚子裡…，最後都會和身體一起會被火燒掉啊！」

這時，上師就藉機啟發他：「是啊！就連我們養了這麼久的色身都沒法帶走，何況是金針啊！」

總管聽了這番話之後，完全改變了心意，就趕緊把信眾供養的錢財拿出來建設寺院、改善僧人的生活。

「粗的無常」觀修小結

我們之所以執著此生的財富、名利，是因為心不知足；不知足的心會不斷地執著。事實上，只要能不受饑、寒，也就夠了；但我們卻覺得擁有愈多愈好。試想：我們若有一千部車，每天都輪流開一部；若有一千棟房子，每棟房子都住上一天，這樣反而會帶來很大的痛苦和煩惱。

　　但這並不是說，要我們完全放下世間的事而來修學佛法，而是不要那麼執著世間事物，我們一樣能將世間事做好。在做事的當下，不僅要能修持自身，也要永遠想到怎樣來利他。世間事，做得好也不必太歡喜，做不好也毋需太難過。能利他、無執才是最重要的。

　　若認為非達到某種目的不可，就會因為這種執著而去傷害他人。這樣不僅事情做不好，無法利益自己和他人，也會因此產生許多煩惱、結下許多怨仇；反而無法在世間法上得到成就。

　　若老是懷著希求心、得失心，例如：說話時，總是想說得怎樣地好，說得令人歡喜、不令人嘲笑…。我們會發現有這種得失心時，反而沒一句話說得對。所以對任何事情都不要有執著心、希求心。此生若能經常把握無執之要，便能自利、利他。

　　修持佛法是能和生活並進的。只要能把握住當下的心念，這一生做任何事都容易成就。

從前，在印度有個人，他和家人不睦，又受到許多困擾而突然生起出離心，就到很遠的地方去依止一位上師。這位上師教他以「心無造作地安住」來禪修，之後他就住在離上師不遠的草屋裡修持。他以前是個專門彈弦琴的樂師，音樂造詣很高。當他依照上師所教的方法禪修時，總會想到他的琴而很想去彈琴。因此他好不容易坐了幾分鐘，就跑去撥彈幾個琴音；又因未聽從師所教而感到懺悔，就又趕緊把琴放下，再去靜坐。但是他總是會想到他的琴、忍不住要去彈琴…。最後他實在沒有辦法，只好去找上師。上師對他說：「沒關係，你就一邊彈琴，一邊修持──把你的心安住在琴聲上。」他回去之後，只要每一座香開始，他就彈著琴，並把心安住在琴聲上──這就如同我們先前所講的「耳緣聲」禪修法。最後他也因此得到很高的成就。

　　我們平時，除了要儘量息滅自己的貪、瞋、癡之外，也要儘量利益他人。若能如實修持教法，今生就能得到絕對的寂靜，也將成為最富有的人──因為我們擁有了寂靜的富有。

　　富有與否，存乎一心。當你自認什麼都有時，你就很富有；自認什麼都沒有時，那就真的一無所有。事實上，再富有的人，他若有永無止境的欲求，就會是世上最貧窮的人。這就好像口渴時，喝再多的海水，也無法止渴。

　　佛住世時，有一種寶物叫如意寶。這寶物長得像顆蛋，而且會發

85

光。有一天，佛陀和所有的弟子去乞食時，突然看到前方有個如意寶。這時佛陀就告訴弟子：「要小心一點，前方有個毒物。」大家也就繞過寶物走了過去。一旁的農夫聽到佛陀的話，就趕緊走到前方去看那毒物，卻看到一個如意寶，他便歡喜地拾起寶物。但他想到佛陀說的話，不知該怎辦，就把它拿去供養佛陀。佛陀說：「很好！」就把如意寶交給阿難尊者：「你要把它交給世上最窮的人。」阿難就把如意寶收好，等著遇上最窮困的人。

有一天，國王邀請佛陀和所有的弟子到皇宮應供。這時，佛陀就叫阿難把寶物交給國王。阿難覺得很奇怪，因此他等佛陀一應供完，就立即上前問道：「您明明說要我把如意寶交給世上最窮的人，您怎麼又要我把這寶物送給國王呢？他可是當今世上最富有的人了。」

佛陀就告訴阿難：「你難道不知道當今世上最窮的，就是這位國王？雖然他似乎是最有錢、最有權的人，但他永遠擔心別的國家是不是比他更富有、權勢更大、軍隊更強。他也總是想著要怎樣去搶奪別人的財物，又怕別人比他更好之後會來攻打、搶奪他。所以說，他是世上最窮困的人。」

我們若能以此人身來修持佛法，是再好不過的事。無論在何種環境、情況下，也都可以修持佛法。比如：今天布施十元給一個窮人，當時的發心，是為了一切眾生皆能成就佛道而做這樣的功德與迴向，這就是一種修持。又如：清晨，發願為一切眾生的成就而做早課；中午，一

有空就念六字大明咒；晚上回到家，或做大禮拜或行懺悔，最後再做迴向，那也是一種修持。其實，在一天之中，我們有非常多的時間、機會可以修持佛法。再如：方才，依緣琴聲修止的故事也說明了：一切外境的色、聲、香、味、觸，都能成為修持的助緣、依托。

Q： 何謂粗的無常，請您再舉例說明？

A： 比如：一間建好的房子，可能要經過一、二百年才會壞滅。人出生之後，可能會在這世上待一、二十年乃至八、九十年才會死亡。這種長時間的變異、無常的變化，叫做粗的無常。

Q： 請說明集體災難和業的關係？

A： 集體災難或死亡，是事發當時的所有眾生都有共同的業——他們死亡的業都來了，而且有在此時一起死亡的業。並不是說其中某些眾生死亡的業來了，而其他眾生雖然沒有這樣的業，卻也跟著他們一起死亡。

一般而言，每個人都有各自死亡的業，不會一起去死。但若是集體死亡，便是他們過去有造作會一起死亡的業。

業可分為共業和別業：

共業：譬如台灣最近有很多的颱風，造成整體的災害，這是台灣人共同的業報。可能我們過去造作了某些因，而使得我們現在得到這樣的果。

別業：譬如我生病，他沒生病，這是各自的業報。（這時仁波切舉起杯子做比喻）我可以看到這個杯子，在座的每位也都可以看到這個杯子，這表示我們過去有造作能看到這個杯子的業。地獄道或餓鬼道的眾生就看不到這個杯子，為什麼呢？因為他們沒有造作能看到這個杯子的業。雖然他們也可能正在這個杯子裡頭，或在它周圍，但他們看不到這杯子。也因此我們說這個杯子並非實有，它只是我們業識的顯現。

我們今天之所以會聚集在這裡，我在說法而各位在聽法，或我們會看到這樣的房子、這個國家，或住在這個世間，這都是我們所造作的業力而有的共同業報。依於世間所有人類的共業，才會產生我們現在所住的世界，這都是依共業而來的。我們不會看到地獄道熱鐵銅爐的景象，也不會看到餓鬼道眾生飢渴的景象，是因為我們沒有造那樣的業。但並不表示那些就不存在，對那些眾生來說，那是真真實實的存在。

Q： 業力可以轉嗎？像我們請法師來誦經消業，這種福業能轉業力嗎？

A：習俗上，許多的藏人會請僧人來家裡修法。若是定業，當然難轉。若因弟子對佛法的信心，對上師的虔誠、供養，加上上師修法的加持力、悲願力等條件聚合，它事實上是有效的。雖說業力難轉，但依於修持的善業，還是有可能影響、轉變惡業的，所以說自己的修持才是最重要的。比如：密勒日巴大師曾殺害三十五個人，這是極重的業。但因他在上師面前徹底的懺悔、異常精進的修持，以及無比堅定的信心，他終究能即身成就。所以說自己的修持才是最可靠的助力。若想依靠他人修持的力量，自己就得具備信心和虔敬，那多少是有點助益的。若對佛、法沒信心，對修法的上師或僧眾也沒信心，那真是一點用也沒有。

Q：平日自己一個人觀修悲心時，好像真的能生起悲心；一到現實生活中面對人與事，所修的悲心就好像全不見了。怎麼辦？

A：當我們吃得飽飽、穿得暖暖地坐在自己安排好的墊子上修持安忍時，會以為自己修得很好。事實上，這種像彩虹一樣的安忍是抓不到、也摸不著的假相。我們若能在真正的困境中或被傷害的同時修持安忍，那才是真正的修養。

剛開始時，我們雖想對怨敵生起慈悲，但那種慈悲生起不到一、二分鐘，瞋心就又生了起來。然而經由不斷的練習，瞋心就會逐漸減輕，到最後我們也就能真正生起慈悲心了。若只看眼前，就會覺得

自己實在修得不好。只要我們能堅持下去，甚至可以做個記錄——我從何年何月何日開始練習，一段時日之後，就會發現自己有所改變。

所以那些傷害、憎惡我們的人，以及我們所憎厭的仇敵，他們才是我們觀修慈悲的最佳對象。為什麼呢？因為地獄的眾生雖然很可憐，但他們每嚐受一天的果報，果報就減少一點，總會有果報受盡的時候。但那些現在正在造作罪業的人，他們即將墮入地獄，遭受難忍的痛苦。此外，那些瞋心很重或易怒的人，也可以作為我們觀修慈悲的對象。那些人總是隨著無明煩惱流轉而造作罪業，無法自主而使身心遭受極大的痛苦。對於這樣的眾生，我們更要以慈悲心來看待。那些讓我們生起悲心的對象，恩德是很大的；他們給我們修持的緣境，是我們道業上的助緣、法友。因此一切的仇敵、逆緣都是我們的上師。因為有他們存在，我們才不致於樂過頭而整天散心雜話或看電視⋯，自以為快樂而虛度一生。可以說他們的恩德是等同於佛的。

Q： 應如何面對修持佛法時所生起的障礙和惡緣？

A： 修持時的障礙和惡緣，皆可成為菩提道的助緣和資糧。
在開始修持時，會遇到較多的障礙和惡緣，那是過去所作業力的現

起。比如：過去造作的是墮入極熱地獄的因，今生因修持佛法，業力正在消除時，就可能得到一些熱病。若過去造作的是墮入寒冰地獄的因，就可能得到一些寒病。這些都是因業力消滅、業報現前所致。因此有障礙生起是很好的，這表示我們已開始修持，業力正在轉變。

有些人明明造了很多惡業，為的是得到現世的享樂。雖然他也真的得到享樂，但那是由於他過去生種了很多人天福報的因，今生才能得到這些世間的享樂。此生他若繼續作惡，過去所種的善因已成善報而耗盡，死時，就有可能立即墮入地獄。

我們若能堅持修行，障礙和惡緣是無法影響我們的。

Q：　為何有些菩薩不發願到淨土去？

A：　大多數的淨土都非常美好、寂靜而善順，卻有很多的菩薩不發願到淨土去，反而要來娑婆世界。為什麼呢？因為只有在娑婆這有苦的世界中，他們才有機會學習安忍、生起菩提心和慈悲心。

細的無常 & 空性

細的無常：指須臾的無常。認識細的無常，有助於我們了知空性。

首先，以世俗諦（相對真理）來探討「時間」，藉以了解細的無常。

所謂的時間，簡略而言，是指現在、過去和未來三時。過去：已經過去了、沒有了，例如：人死了，就沒有了，不算是一個人。未來：還未到來，例如：種下種子後，還未開花結果；就果實而言，即是未來。過去已消滅，未來還未生起，我們能擁有的只有現在。

各位認為：去年、今年、明年這三年中，存在的是哪一年？去年已沒了，明年還未生，唯一存在的就只有今年。而今年有十二個月，現在是 8 月，1 至 7 月已過去了，9 至 12 月還沒來，所以只有 8 月存在。8月有 31 天，今天是 8 號，7 號以前已過了，8 號以後還沒來，算一算我們也只剩 8 月 8 號今天。今天則有 24 小時，現在是晚上 7 點，在這之前的時間都已過去了，之後的還沒來，所以也只剩 7 點這一小時。一小時有 60 分鐘，現在是 7 點 15 分，已經過了 14 分鐘，另外的 45 分鐘還沒來，所以也只剩下 1 分鐘的時間。1 分有 60 秒，現在已過了 20 秒，同理可知，剩下的也只有此刻的這 1 秒。而這 1 秒，也是剎那、剎那地消滅著。放眼看去，不論是桌上的麥克風、這張桌子、整個房子，乃至世間一切、整個宇宙都是剎那、剎那地過著。時間是什麼呢？時間就是這樣（仁波切連續彈指），不停地變換著。對此，很多科學家也都有所發現，西方人也做了不少的電影。比如，人從一個時空進去，過了一扇門，就到了過去；又過了一扇門，就來到未

來。事實上，所講的是同一道理，因為三時是在一起的。

進而談到：了解細的無常如何能幫助我們破除幻相、體認空性。

時間是剎那不停、相續變換著。假設有一千張紙疊放在這桌上，我在紙疊上豎根大針，然後用力一鎚，在瞬間這針就穿過了一千張紙。當針穿過這一千張紙時，它也是剎那、剎那地進行著，為什麼呢？因為針如果不穿過第一張紙，就不能穿到第二張、第三張…。針在穿第二張紙時，第一張紙已穿過了，是過去，第三張紙還未穿到，是未來。可見所謂現在的一秒，我們又可以把它分成一千個單位，其間隔是非常微細的。時間是這樣剎那變換、相續進行著，我們卻常常覺得時間很長，例如：今天有一整天，去年有一整年。

再如：我們會以為昨天的杯子和今天的杯子是一樣的。暫且不說昨天，就說這堂課從上課開始到現在，這杯子已起了很多變化。我們之所以會以為前天、昨天、今天都是同一個杯子，是因為我們執著相似的幻相。

若對細的無常能有深刻的認識，就很容易體認空性。
我們由於未能細察這些變換，所以總以為周遭事物的顏色、形狀、大小一直是那樣、沒有變過。例如：當我們從遠處觀賞瀑布，我們看到

的是一條掛在山谷中的銀帶。事實上，那水是一直往下流的。又如：當風扇轉得很快時，我們會以為它是靜止不動的。事實上，風扇是不停地在轉動著。此即細的無常。

Q：時間的分際，依二諦是如何說的？又如何透過時間的剎那生滅來了知空性？

A：依究竟（勝義諦）來說，它只是我們的妄念分別；依世俗諦來說，它則是須臾瞬間的無常變化。至於如何依它來了知空性，接下來的課程會談到。

Q：時間是無限的嗎？

A：以世俗諦而言，時間是無限的。世俗諦分「真有」和「假有」，例如：把眼睛瞇起來會看到一些影像或說兔子有角等，這些都是假中的錯誤，屬世俗諦的假有。透過切割時間的方法，不停地切割下去，看起來時間好像是無限的，此屬世俗諦的真有。然於究竟而言，這也不是真實的。

Q：空為何有很多種？

A： 其實，這些都是依所立基礎的差別，而給予空性不同的分類和名稱。以空性本身而言，空性就只有一種。這就好比：我們把牛奶分別放在塑膠、鐵、銅製的容器中時，我們會說：這是塑膠盒裡的牛奶、鐵盒裡的牛奶、銅器中的牛奶，然而牛奶本身是一樣的。說到空性時，一切外境是空就叫它外空，自身是空就名為內空，又如大空、空空、有為空、無為空…等。其實，這些都是依於所立基礎而賦予的名字。

Q： 為何我們無法超越時間？

A： 因為時間是由我們的心造作而生的，時間只是幻相。當幻相滅去時，我們就能超越時間。方才講到以切割法來觀察時間，那還是以世俗的真有而做的觀察。就勝義諦而言，連時間本身也非實存的。世界是我們自心的顯現，時間更是心的顯現。

Q： 什麼樣的禪修徵兆，是具有真實意義的徵兆？

A： 許多禪修中生起的現象，大多關係到氣脈的轉變。對於實修中可能發生的現象，我們毋需執著它是好或不好。禪修中最好的徵兆，是息滅貪瞋癡等煩惱，令悲心生起、於法的虔敬與信心增長，這遠比飛天遁地更為殊勝。噶舉傳承上師們都有共同的說法：當我們在修

持時，也許沒有任何神通變化境界產生，但我們若能生起虔誠的信心、極大的悲心，這就是一切徵兆中最殊勝的徵兆，名之為無徵兆的徵兆之王。

Q：佛遍知三世，這遍知指的是什麼？有時間的限礙嗎？

A：佛超越一切幻相，因而他能了知一切幻相。同一時間裡，他能透悉我們現在全部的情況。對於我們心中生起的善、惡諸念，他在彈指間，已全然了知。遍虛空法界的一切眾生，佛也能於彈指間全然了知。我們若能如實修持佛法，最後也能達到那樣的境界，那是很幸福的事。

Q：我們依止佛法在修持，但因環境因素而必須到教堂去，可以嗎？

A：一切存乎於心。若對三寶有信心，並且如實修持教法，行為上雖去其他宗教的處所，也沒有什麼不可以的。佛說：我示眾生解脫之道，但是否要走在這道上，仍在於眾生自己。佛也從未說：其他的法門、宗教像毒蛇、毒藥一樣。佛是依於無上的慈悲、智慧和方便，將佛法融入於各種情況而來教化、引領眾生走向解脫道。我們已遇到極殊勝的清淨正法，自己好好修持才是最重要的。不可以我慢心、比較心或嫉妒心而去批評、壓抑其他的宗教。我們所受

的教法非常深廣，若能如實修持，必然會有極大的利益，甚至能即身成就，所以也毋需花費時間去學習其他的教法。

Q： 為何在修持中，幼時的記憶會變得非常深刻？

A： 這也是氣脈運行的影響。有時記憶力、回憶力會變差；過一陣子，則發現許多過去的回憶變得非常清楚而且不時浮現，甚至能憶起過去世。這些都是修持時生起的微細差別現象。因為修持時，心就像夏天的土地一樣，無論是稻米、花、毒藥…，什麼都會在上面生長起來。

今天我們能聽聞到空性的道理（空性專論見下篇），是我們很大的福氣，因此要不斷地觀修、練習，就能有越來越深的體悟。一個真正了悟空性、破除我執的人，他對自身和世間一切的看法、感受會和我們不一樣，一切皆如夢、幻、泡、影。身體對他而言，如彩虹般不真實，因此水、火都無法傷害他們。他們見到的世間，就如本尊的壇城，金、石了無差別。

當馬爾巴尊者為了求法而遠赴印度拜見那諾巴大師時，他帶了很多金子去供養上師。那諾巴卻視若無睹，甚至還把金子扔到一旁的樹林中。當時馬爾巴有點不捨，心想：「我好不容易累積了這麼多金

子，千里迢迢地帶來供養上師。您卻把它丟到樹林裡！」那諾巴大師知曉馬爾巴的心念，就說：「若你要的是金子，我這兒還多著呢！」便用腳往地上一踏，整個地面就變成了黃金地。

從無始以來以至今日，我們都一直執著自己、他人、整個世界是真實的，這種習氣非常強，無法在一時之間轉化。這要靠我們不斷地練習、修持，才能慢慢將習氣去除。（這時仁波切將課程表捲起來，並把它搓成密密實實的圓筒。之後，他將紙攤拉開來，手一放，紙又回捲成紙圈…。）這就如同我們好不容易認識一點點空性，就又執著了起來…。（仁波切繼續一而再、再而三地拉開紙，最後它就變平了。）觀修空性也是一樣，只要我們不斷地去練習，就能逐漸破除執著，而能真正了悟空性。又譬如：有人將繩子放在昏暗的地方，某個膽小的人見到那條繩子時，以為是蛇而受到極大的驚嚇。後來有人告訴他：「那只是繩子、不是蛇。」他還是心存疑懼：「真的是那樣嗎？」又經旁人保證，他仍有著微小的恐懼，為什麼呢？這是緣於過去的習氣。最好的方法，就是讓他看個清楚，再讓他碰一碰繩子。多做幾次之後，他就能逐漸突破那種恐懼了。

轉心四思惟前二小結

到目前為止，講的都還是「轉心四思惟」中的人身難得和生死無

常。若能經常思惟此二法理，我們對於此生的執著、貪戀便會逐漸減輕，而能得到更多的平靜、喜樂，也更能自利利他。

從前西藏有位上師，當他講到暇滿人身難得的道理時，大眾中有個行旅商人突然站了起來：「請問上師您可去過印度的加爾各答？」上師說：「我當然沒去過。」商人說：「聽您一直在說人身難得，我就知道您沒去過那兒。加爾各答到處都是人哩！可不像在西藏，人身在那兒可一點也不稀奇呢！」現在看來，台灣也到處都是人，全世界的人也很多，要思惟人身難得可能會蠻困難喔（一哂）！

在觀修暇滿人身難得之後，還要思惟生死無常。因為並不是得到人身就夠了，我們隨時都可能失去它。因此要好好利用短暫、難得的人身來修持佛法。

可能有人會想：「死就死嘛，反正每個人都得死，又不是只有我死。死了一了百了，也沒有什麼好怕的。」要知道死了不一定能了，我們仍得繼續過下去，因此接下來必須講到「業與因果」。

轉心四思惟(三) 業與因果

人死非如燈滅，也不是像被火燒過、無法再生長的種子，人在死後

還得繼續過下去。

業與因果是絕對正確的。自己造業的結果必由自己承受，而且很難轉變，甚至連佛都很難幫上忙。祈請佛加持、仗佛慈力或能稍微轉變業力，但僅僅靠佛的加被，是無法消去很多業的。就如同先前所講：當死亡的業來時，即使無量壽佛給我們長壽灌頂，金剛手菩薩給我們力量，藥師佛給我們藥丸吃，也無法改變我們的壽命。在這世間，對於未曾造作的業，我們再怎樣也不可能會承受到那樣的業果；對於已造作的業，我們再怎樣也無法將業果給別人。再微小的業，雖經千萬劫也不會自行消失。

要怎樣才能轉化業呢？必須了悟空性、生起悲心與虔敬。

業是一種因緣法，由因與緣相互依存而生。世間一切，包括我們的身心，都是由各種因緣相互依存而生的。業也含攝因果關係，造作善的業就得善的果報，造作惡的業就得惡的果報，這種因果輪轉是不會有絲毫錯謬的。

業可分為非福德業、福德業和不動業。

1. **非福德業**：因貪瞋癡而造作的各種業。如十不善業：身的殺、盜、

淫；口的妄語、兩舌、惡口、綺語；意的執著心、瞋心和邪見。

2. **福德業**：即善業。如布施時，若是為了成就人天福報的善業而行布施，此布施善行即屬有漏的福德業。當果報成熟後，善因也就消失了。因此還必須造作更多的善因，才能再得到善果。若依菩提心或離三輪之執而造作的善業，則屬無漏業，不屬有漏的福德業。

3. **不動業**：主要是就禪定修持而言。依修持禪定所達到的成就，如：初禪、二禪、三禪、四禪…，死後就會投生到初禪天、二禪天、三禪天、四禪天…。所謂不動業，意指不會有任何變化，它是堅固不動的。比如：不會有初禪程度投生到二禪天或無色界的情況發生，或以無色界的修持而投生到色界或欲界。

業，若是善業的話，還是可以轉變的。例如：我們已經累積了投生天界的因之後，依於祈願力，希望投生龍族而仍能享受天人的福樂。在死後，就有可能依於願力，真的投生到龍族，同時具足天人的福報與享樂。

以上三種業，皆屬有漏業。無漏業指的是如菩提心、空性、心性等修持，這些業在我們還未成就佛道之前，都不會消失，而且會持續增長。

Q： 有那麼多不同的本尊，又該如何依止？

A： 依止任何本尊皆無差別，因為所有的本尊都和諸佛自性相同。重要的是要能以我們對本尊的信心、依循上師的指示來依止本尊。修本尊法時，若只知道此一本尊，心生執著而去和其他本尊做分別的話，就無法得到很大的加持。若能了解：本尊和諸佛自性無別，是一切諸佛的總集，那麼在修本尊法時，便能得到一切諸佛的加持。

Q： 我們都知道在依止教法學修時，不可與惡人為伍，若所處的環境已是那樣，又該如何？

A： 戒律：不可依止惡知識、跟隨惡友或惡人，十四根本戒、皈依戒、菩薩戒都有這樣的條文。若不得已非得和惡知識或惡人相處時，我們不可隨順他們的邪見、惡行，或把心交給他們，否則即是犯戒。比如：不可隨順他們的煩惱而成為幫凶，像是他需要錢去做惡，你就供給他錢。但是我們仍然可以利益他們，並幫助他們走向正途。

思惟業與因果 & 觀修悲心

聞法時，首先要能想到遍虛空的如母眾生，到目前為止，都還在輪迴的苦海裡。他們雖然想得到快樂，卻不知如何積聚快樂的因；雖想遠

離痛苦，卻不知如何去除痛苦的因。心之願求和行為表現，總相違背；明明想要離苦得樂，卻不斷造作招致苦果的因。一切眾生包括我們自己，都因無明煩惱而沈浮輪迴，永遠在生老病死、愛別離、怨憎會、求不得、五陰熾盛等苦中流轉。為了使一切眾生都能成就佛道，遠離一切輪迴的痛苦，我們必須認真聞法並如實修持。

萬法的根本在悲心。有了悲心，才能生起真正的菩提心和空性的見地。

悲心是所有護法中最殊勝的護法。若具足悲心，各種仇敵、非人魔鬼皆無法加以侵害，是最殊勝的救護。

從前，有位修行人，他專修某一忿怒本尊法。經由不斷修持生起次第，他達到相當高的觀修境界。他能觀想三千大千世界都在他的腳底下，他的頭則高過須彌山頂。然而，由於他在修忿怒本尊時不具悲心，反而因修持而生起很大的瞋心和貪念。他因高深的修持力而聲名大譟，得到許多供養而致富。有一天，他來到一個貧窮的村莊，村人因覬覦他的財富，就謀殺了他並燒毀他所住的房子。由於未具悲心，他所起的瞋念成了惡業，使他變成西藏很有名的厲鬼。之後，厲鬼到處作亂，傷害了很多人。

有一天，另一位藏地的修行人也來到這個村莊。厲鬼想加害修行

人，修行人也想降伏厲鬼，於是他們就開始比法。厲鬼就開始示現他之前修的忿怒相，那個相非常大，一腳站在山的這一邊，另一腳則跨在山的那一邊。接著，修行人也修了一個忿怒尊，但只到他的肚臍那麼高而已。厲鬼就大笑說：「看來你的法力還沒有我的高呢！」修行人也頓生恐懼，心想：「這厲鬼的生起次第修得這麼好，境界這麼高！」突然他心念一轉，心中湧現了深徹的悲憫：「這鬼雖然生起次第修得這麼好，卻走錯了路，不但未能生起悲心，反而在瞋心上做修持。」由於心生悲憫，他情不自禁地流下淚來。就在這同時，厲鬼突然摔到山底下，再也爬不起來、也沒有能力做各種示現了。厲鬼就對修行人說：「我所缺少的正是你這種悲心啊！」

在密乘裡，修忿怒尊或護法，一定要建立在絕對的慈悲心和空性的見地之上。兼具此二修為，方能真正幫助我們除去障礙，使我們順利成就佛道。其實，最大的仇敵、魔鬼乃是我們自己的無明煩惱。因此我們在修持時會觀想：用智慧的普巴杵、悲心的鉤子和空性的利劍來降伏煩惱的魔鬼和仇敵。這些修持屬於息、增、懷、誅四法中的前三法。當此三法對根器非常鈍劣的眾生完全無效時，就需要用到誅法：藉由各種忿怒尊的修持，而將頑劣眾生的身體、神識分開（這看起來像是在行破殺之業，事實上是將他們的身體和神識分開），直接將他們的神識供養給空行，奉送到淨土、供養給諸佛，以超渡鈍根頑劣的眾生。但這樣的修持，必須建立在悲心之上，非以瞋心施為。

世俗的悲心：對自己的親友或窮困者生起悲憫、同情之心。

悲無量心：對一切眾生生起大悲心。

菩提心：乃更上一層，是為了一切眾生皆能成就佛道而生起修證之心。

諸經論、上師們總是一再地教授悲心和菩提心，因為那是一切修法的根本。在以下的相關課程中，我們還會再做闡論與觀修。

Q： 就業力而言，造作布施、禪定等業，會有怎樣的果報？

A： 就業力而言，造作布施、禪定等業，會受到怎樣的業果，這和二種情況有關：一是造業的大小，一是造業的前後。例如：修持禪定，造了會投生到色界初禪天的不動業，當禪定的業報盡時，會繼續再受過去業作的果報。比如：可能因布施等善業而從初禪天再墮入欲界天或人道。當布施的業報盡時，可能又要去承受其他業作的果報。雖說我們依於不動業會投生到色界天或無色界天，但我們若能發起為成就一切眾生而修持的菩提心，並配合悲心、空觀的修持，我們仍然能得到涅槃果。再講到投生淨土，我們往往是因為過去的福德力或修持力，加上祈願力而得往生淨土；事實上，那還是有業力存在。在未能透澈一切幻相、未成就佛道前，都還是會受業力影響。

105

Q: 修持悲心時，往往生不起歡喜心，甚至會流淚，這是正確的嗎？

A: 我們若能透過修持悲心而流出一滴淚水，功德是非常大的，它可以幫助我們消滅許多罪業。若能不斷思惟悲心的功德、利益，也就能幫助我們生起歡喜心。

從前印度有一位大成就者，後人稱之為「無著菩薩」。他眼見當時佛教衰微而感到十分難過，因此，他想要到彌勒菩薩那裡，親自向他求法，以期將來振興佛教。他於是住到山洞裡，每天修持彌勒法門，希望能親見彌勒。如是精勤修持了六年，不但未能見到彌勒，就連夢都沒夢到。他因此深感灰心，就想出洞下山去。當他走到山下的懸崖峭壁邊，看到有人在挖峭壁，無著便問：「你在做什麼？」那人說：「我家就在山的後頭，由於這座山擋路，害我們得繞遠路走，所以想打通山崖。」無著說：「那怎麼可能？你只有一個人！」那人回答：「為何不可能？只要努力就可以做到。」無著突然若有所悟：「這個人為了世俗的利益，就可以那麼努力，我為什麼不能為法、為教更加精進？」於是他又回到山洞，更加精進地修持彌勒法門，希望這次終能親見彌勒。但三年過後，什麼徵兆也未生起，沮喪之餘，他又離開山洞，就在下山的路上，他碰到一個人，手中拿著一塊布在磨鐵棒。無著問那個人：「你在做什麼？」，「我要縫衣服，需要做根針，所以拿這塊布來摩擦鐵棒。」

無著：「鐵杵怎可能被磨成繡花針？」，那人：「天下無難事，只怕有心人！」無著頓感羞愧，就又回山上精進修行，又過了三年，還是了無訊息。這時他已修了十二年，還是未能見到彌勒菩薩，在極度心灰意冷之下，他茫然地下了山、到處流浪。

有一天，他來到一個地方，一邊是懸崖、另一邊是瀑布；就在其間，有一隻齜牙裂嘴的狗，對著他猛吠。他仔細一看，發現狗的整個肚子都潰爛了，傷口上還長了很多蛆。無著突然對狗生起很大的悲心，心想：「唉！這隻狗肚子破了這麼大的洞，上頭還有那麼多蛆咬牠，就算到了這種地步，牠的瞋心還是那麼大！」滿懷悲心的無著想要幫狗清理傷口，卻想不出合適的方法，「用手或用水清理都會傷殺這些蛆啊！」，最後他想到只有用舌頭去舔，才不會傷害到蛆。當他俯身靠近傷口時，腐肉的惡臭撲鼻而來。他因悲憫這隻狗和眾生們所受的苦而流下淚來。為了幫助這隻狗、不傷害那些蛆，他就捏著鼻子、閉起眼睛來舔傷口上的蛆。這時，突然一陣異香撲鼻，他急忙睜開眼睛，發現彌勒菩薩正活生生地站在他面前。這時，無著百感交集，十二年的抑鬱頓時化成了無明火，他便聲色俱厲地質問彌勒菩薩：「名為慈氏的彌勒菩薩啊！你為何沒有一點慈悲心！十二年來，我日夜匪懈地修持你的法門，你不但沒給我任何的加持，連個夢境、徵兆也不肯顯給我。看來你也沒有什麼修證和神通！」彌勒菩薩溫言道：「事實上，從你修持的那一刻起，我就一直陪伴著你。然而你的無明業垢障蔽了心，所以你無法看到

我。剛才，你生起的大悲心已將所有的業障淨除，因此你才發現我的存在。」，「你若不信，就讓我坐在你的右肩上，我們一起到城裡走一圈，問問路人你右肩上有什麼東西。」無著到了城裡之後，逢人便問：「你看看我右肩上有什麼東西？」全部的人都說他是瘋子，只有一個老太太驚叫道：「你肩上怎麼扛個狗屍呢？髒死了！還不趕快把它丟下來！」這時，彌勒菩薩就對無著說：「這個老婆婆還是因為具有一點修持的種性、業障較輕，才能見到狗屍。一般業障深重的人，是連狗屍也見不到的。」無著這時才完全明白。

由上可知，對一個眾生生起悲心，就有這麼大的功德；若是能對一切眾生發起悲心，功德自是無量無邊。平常我們會為父母、親友流下眼淚，如果我們能生起廣大的悲心，為一切眾生所受的苦而流下淚時，那功德將會非常的大。

無始以來，我們在輪迴中受了非常多的苦，也流了非常多的淚；若把生生世世的淚水集合起來，可能會比海水還多。然而，這些眼淚並沒有實質的助益；若能真正發起悲心而流淚，這種淚水才有其正面意義。

修止——有所緣的安住(三)

依緣出入息 & 四大元素

二類修止法

修止的分法可分為「無所緣」的禪修法和「有所緣」的禪修法。

無所緣：指心完全無造作地安住在它自然的狀態中。

有所緣：如透過五根緣五塵或緣出入息等方法，使心有所依托而得
安住。

此二者乃相輔相成，可交替運用。

於有所緣的禪修法，在講完氣的修持和九節佛風等方法(略)之後，
接下來要講另一種氣的修持方法——依於四大元素，透過其顏色、力量
而修持。（略）

Q： 在日常繁忙的生活裡，要如何把握禪修時間？

A： 修持的時間要短，練習的次數要多。

Q： 以無造作的方式禪修時，若能安適地坐下去，可有時間長短上的限制？

A： 若對無造作的禪修法很能適應、做得很順暢時，可以一直用這種方法安住，持久一點沒關係。一旦感到厭煩或浮躁時，再以有所緣的方法來禪修。

Q： 禪修時，有時會感覺到氣在動，應怎麼辦？

A： 原則上，不要去管它。氣動若令我們感到不舒服，則可將心安住在氣動的覺受上或不舒服的覺受上。禪修時，可將心安住在各種覺受上，作為禪修的所緣；當中，最重要的是覺知、不散亂、無執。心若能如是安住，氣動也能成為修持的助緣。但若氣動得太厲害、坐都坐不住的話，就得去請教專家。

Q： 如何透過眼耳等感官來修止，請您再做說明。

A： 真正在修持不散亂時，是不需要有任何方法和緣境的，只需將心安住在本然裡。
至於以「根緣塵」的方法禪修時，我們要讓心完全放鬆、不散亂地安住在某個聲音或色相上，亦即以聲或色作為我們修持不散亂的依

托。比如：眼緣一個物件，心放鬆地安住其上。不需要去想它的顏色有多漂亮、是誰給我的、怎麼做成的、到底多少錢？只需看著這個相狀，將心安住其上即可。我們的心總習於攀緣、抓東抓西，乾脆就以這些聲、色作為修止的依靠，藉它來修持無造作和不散亂。

轉心四思惟(四)　輪迴過患

雖然得到人身，總還得面對死亡；死亡也非結束，還要隨業力輪迴流轉。若未累積善業，就會被惡業之力所牽引，因果業力絲毫不爽且堅固難轉。

其實，一切六道輪迴都是心的顯現，六道是依眾生心識習性的差別而有不同的境界顯現。輪迴的痛苦，通常是以六道眾生的痛苦來描述。（各道詳情，可參考相關書籍）。

唯有依於智慧，方能消滅輪迴和痛苦。首先要了解：一切外境，包括六道輪迴皆是依心而顯現的幻相。若能了悟自心，開顯心性本然的光明智慧，也就能識破幻相。就如同做夢一般，在夢中我們可以看到這個世界、看到台灣、看到自己在生病、看到自己開車撞了車，甚至摔斷腿（而且還沒有保險）。在夢裡，無論是生病或摔斷腿，我們都會感到非常痛苦；若得到很多的財富、很高的名聲，我們同樣會感到十分快樂。

師問：在夢裡看到的房子，是不是真正的房子？

你們都說：在夢裡看到的房子連一點真實性也沒有。但在夢裡，我們確實看到了房子，從頂樓往下跳，也真的摔斷了腿，而且往下跳的恐懼感，也是那樣真切。事實上，夢中的房子本身就不是真的，何況是從其上往下跳的身體和摔斷腿這件事。但在夢裡的一切，卻是那樣逼真！

在夢裡，若得到一百萬美金，我們會樂不可支。事實上明明連一塊錢台幣也沒有，我們卻看到了錢。這一切若是真實的，那麼我們在夢裡看到的東西，醒來時也應該能看得到，事實卻不然。同樣的，無明就如同睡眠，幻相就如同夢境。一切的幻相，包括外在的器世界和內在的有情眾生，六道輪迴的苦、樂都不是實有的。雖然如此，我們卻能看得到、感受得到。一如心經：「色即是空，空即是色」。在夢裡雖有車子，其實質是空的（色即是空）；在空之中，我們卻能看到車子的顯現（空即是色）。

假若我們每天很努力地告訴自己：「今晚我一定要能認出自己在做夢。」在睡夢中，若能真的知道自己在做夢，那麼，從樓上摔下去，也不會摔斷腿，因為我們可以立即飛起來；跳到火裡也不會被燒著；跳到水裡也不會真的沈下去；墜落山崖底也可以走上來。因為這一切都是夢，而且我們明白自己在做夢。

雖然在理智上我們已知：一切外境的幻相都是自心的顯現，但仍然

無法立即體悟空性的道理。就如同前面所說：對空的感受，可能只維持一秒，很快就被執著實有的習氣所掩覆。但若能不斷地練習，就能生起空性的見地，並且逐漸堅固起來。這時自然能破除一切的幻相，也就能遠離生死輪迴。因為我們已直接體證：一切的外境和自身皆是心的顯現，從來未具絲毫真實性。

Q： 若夢到上師在為大眾傳法，大眾也依之修持，這樣能獲得修持的果證嗎？

A： 在夢中的業，使得在夢中的人聚集在夢中，而有一位夢中的上師在傳法。若能依止夢中的法門而在夢中修持，我們也能消除在夢中的幻相，而成就夢中的佛果。這是真的，不是開玩笑的。

Q： 但在夢中的一切不是皆如水泡幻影，如此修行，也能獲益？

A： 如幻的眾生，做如幻的修持，就會有如幻的利益。

Q： 為何有些人會夢見未來即將發生的事？

A： 一般而言，夢境所顯皆幻相。但由於過去的業習或過去很多的事情都儲存在我們的心識中，於夢中由業習引申未來可能的果報，因此

我們是可能經由夢境而知道未來即將發生的事。

世俗諦 & 勝義諦

真理可分為世俗諦（相對真理）和勝義諦（究竟真理），世俗諦又分為真有和假有。

世俗諦的假有：乃假中之假。如：電影裡，有很多人在互鬥，事實上並沒有這些事情發生。依世俗諦而言，此屬假中之假。

世俗諦的真有：有業力、因果，有過去、未來，世間本是無常，六道輪迴是苦，喝水能止渴…，皆屬之。真有又分為善的真有和惡的真有。

惡的真有：投生輪迴的種種業力、業因，生起貪、瞋、癡三毒的煩惱心，六道輪迴的業報身…，皆屬惡的真有。

善的真有：對三寶生起的虔敬、信心，對一切眾生發起的慈悲心，皆屬善的真有。事實上，善的真有、惡的真有皆是幻相。但在未能了悟絕對的空性之前，我們必須堅執善的真有，也就是深信三寶、心懷慈悲、行善法功德，包括修持布施、持戒、安忍、精進、禪定、智慧等六波羅蜜，來幫助我們了悟勝義諦、成就佛道。

我們若進而能將世俗諦善的真有與空性合修，則更殊勝。造作善

行、累積功德、深信因果⋯等,屬方便道;空性的修持則屬智慧道。此二道必須雙運修持,就如同鳥需具備雙翼才能飛翔。我們若忽略善的真有此一方便道而單修空性,反而會修出邪見、斷見來。經由修持世俗諦的悲心、空性,我們終能證入勝義諦的悲心、空性。

有所緣 & 無所緣的修持

每一眾生本自具足悲心和空性慧;三毒煩惱,只是眾生現前的垢障。我們若能盡力修持來開顯本具的悲心和空性慧,便能逐漸清除現前的垢障。

如何生起無所緣(勝義諦 / 究竟)的悲心、虔敬、空性慧?

首先要依有所緣(世俗諦 / 相對)的悲心、虔敬、空性慧來修持,才能體悟無所緣的境界。先依世俗諦的方法修持,如:相信佛法僧三寶、因果業報、佛法的修持⋯。這些雖屬幻相,但經由修持善的真有,才能成就證悟佛道的因。進而,再透過空性慧的修持來幫助我們親證菩提。譬如:鑽木取火。兩根木頭互相摩擦會生出火來,那火也同時會把起火的木頭燒掉。我們生起的虔敬、信心、悲心,能將五毒煩惱(貪、瞋、癡、慢、疑)燒掉;到最後這世俗諦的虔敬、信心和悲心,也會被生起的智慧之火所焚化而轉化為勝義諦的虔敬、信心和悲心。

思惟輪迴過患 & 觀修悲心

生起悲心的三種情況

1.　緣眾生苦而生悲心：看到眾生的苦而生起悲心。

2.　由法生起悲心：了知無常、因果等道理，看到眾生輪迴而生起悲心。

3.　無所緣的悲心：了知萬法的本質是空，看到眾生不了空而一味執著、輪迴受苦，由是生起悲心——此乃最殊勝的悲心。

　　想到一切輪迴中的眾生，因不知勝義空的道理，一味執著自他，而在幻相裡流轉。迷於幻相的眾生，以為輪迴諸苦皆為真實，就如同夢中的我們，對苦樂有著真切的感受。

　　如今，我們已了解些許空性的道理，就要對不知空性道理的眾生生起慈悲心。慢慢地，我們也就能真正達到——雖了知一切皆空，卻能同時心懷慈悲的境界。以現在來看，悲心、空性似乎是獨立的二回事，到最後，我們就能將二者完全融合，達到悲空雙運的境地。

Q：　成佛必須依緣眾生而成，假設眾生都成佛了，最後一人並無眾生可

依，他是否只能修成小乘的阿羅漢？

A： 可以成立的是：若不依緣眾生，便無法成就佛道。因此以成就佛道
而言，眾生和佛陀對我們有等同的恩德。我們今天能聽聞佛法，尤
其是能聽聞到空性的道理，並且學修悲心，未來絕對可以成就佛
道。由此可見，我們是非常有福報的眾生。但並非每一眾生都和我
們一樣有福報，所以不用擔心所有的眾生都已成佛，自己成了最後
一個眾生。因為眾生是無盡的，要一切眾生都成就佛道，是非常難
的。

Q： 假設眾生都已成佛，這時四大洲、地球、宇宙還存在嗎？那會是一
個怎樣的境界？

A： 不論眾生是否成佛，本來地球、宇宙即非實有，乃眾生心念之顯
現。我們之所以會生在這個世界，是因為我們造了住在這個世界的
業。其他某些眾生，他們並未造作這種業，而是造作生於其他世界
的業。其實，同樣在這個空間裡，另外一個世界的眾生可能正在這
裡蓋房子、開著車跑來跑去或唱著歌兒。我們無法看到他們，是因
為彼此沒有共同的業力。假設一切眾生都成就了佛道，我們只能
說：眾生因幻相息滅，外境也隨之息滅。但對佛來說，並沒有所謂
的幻相息滅這回事。本自無生，何來消滅？

Q：　何謂六種神通？

A：　六種神通主要是透過眼、耳、鼻、舌、身、意而產生的神通境界。
　　　神、鬼、魔等無形眾生也可能具備前五通，此屬世俗的神通。羅
　　　漢、登地菩薩始具勝義的漏盡通。佛則具圓滿的漏盡通，此乃智慧
　　　的神通，屬勝義諦。
　　　到目前為止，我們都還在自心造作的幻相裡，只是透過世俗諦的方
　　　法來想像佛通而已。唯有證得究竟的空性，我們才有可能真正了知
　　　佛通。

轉心四思惟總結

　　「人身難得」、「生死無常」能幫助我們消除對此生的執著；「業及
因果」、「輪迴過患」，則能幫助我們消除對來生的執著。我們若能如
實觀修轉心四思惟，便能將此生、來生的執著消除──此指粗的執著。
至於微細執著的消除，則有待進一步的教法與修持。

　　此生受苦的主因在執著，如：過於執著錢財，一旦失去，就會倍感
痛苦。若於父母子女執著很深，一旦生離死別，就會悲痛萬分。

六道輪迴的苦，對正在每一道裡輪迴的眾生來說，是非常真實的感受。若能了解苦的本質，泯除內心的執著，那麼目前所遭受的境遇，就不會使我們那麼痛苦了。譬如：假若有個人躲在角落暗處，戴著面具，裝成很駭人的樣子。在我們經過時，他突然跳出來嚇我們，由於沒有心理準備，我們就會受到很大的驚嚇，甚至昏倒。我們若知道有人躲在那兒，當他跳出來時，就不會受到驚嚇了。同理，我們若能經常思惟輪迴過患，便能幫助我們承受此生的苦，減輕對世間的執著。

　　首先，要能了解世間一切、輪迴的體性即是幻化、無常與痛苦，心也就不會過於執著而使我們遭受各種苦痛。若進而能配合空性、菩提心來修持，則我們不僅能遠離痛苦，更能得到究竟、真實的快樂。這種從內心生起的寂靜、喜樂，不是外在的環境、物質所能給予的。外境之樂本是變換無常，想要的又得不到，已有的又怕失去。這些本於貪瞋癡而追逐的財富、名聲…，即使能得到，往往成為日後更多痛苦的導因。內心真正的喜樂則使我們既能自利，又能利他。我們要將佛法融合、落實於日常生活中，在現實人事中來修持慈悲心、菩提心與空性，這便是最好的修持。

　　反之，若總是在增長執著、煩惱，以為可以降伏一切的仇敵，事實上，外在的仇敵是降伏不完的。如是不但無法增益自己，反而會遭到他人的瞋怨。我們傷害別人，別人也會傷害我們，如此惡性循環，便使整

個世界越來越混亂。我們可以看到人世間的痛苦，大多是人為的結果。例如：戰爭，往往導因於某些人的貪瞋癡、罔顧他人、不信三世因果…。由一念煩惱心而發動戰爭，致使生靈塗炭。

依於自然法則，我們無法避免生老病死等痛苦；然而世間有許多痛苦的導因，卻是在一念之間產生的。一念所生的戰爭，能使眾人受苦；一念所生的明智善舉，也能使整個世界更安樂。我們可以看到第二次世界大戰，有多少國家參與戰爭，害死了多少人？同在一國之內的人們也是相互傷害，或以強凌弱、或以眾暴寡，甚至有忍受一顆炸彈炸下來就死傷千萬的殘忍心腸，這是因為人們已失去內心的寂靜和利他之心。現今有許多國家製造核彈等先進武器，最初的一念都是為了自衛。之後發現對方也能做出那樣的武器，於是演成無止無休的惡性競賽。由此可見，當我們為了自保而去傷害他人時，對方也會生起同樣的心，最後的結果便是全世界一起遭殃。生起一念害人之心的同時，我們其實也傷害了自己。

我們真正的仇敵是誰呢？是自己的煩惱。當自己的煩惱降伏時，也就能降伏一切外在的仇敵。

一個瞋心熾盛的人，會使看到他的人感到不順眼。就好比毒蛇，牠雖未攻擊人，但由於瞋心太重，使人一看到牠就害怕。一個內心寂靜、祥和的人，看到他的人都會生起特別的恭敬、善意和親切感。

總歸來說，一切六道輪迴的本質是苦，惟有正法能幫助我們脫離痛苦，成就佛道。

Q： 人死後，是否一定會到閻羅王那裡報到？

A： 對於有些人而言，是有這樣的可能。我們依於業力，會看到許多幻相；依個人業力差別，所見的幻相也不同。比如：閻羅王或獄卒的長相會不一樣，有些人看到的閻羅王有鬍子，有些則是青面獠牙⋯，甚至地獄的景象也會有所不同。

Q： 地獄的熱鐵銅爐是誰做的？閻羅王及獄卒又是從哪來的？

A： 這一切都是由我們的罪業心所生，依我們的業力習氣而顯。就好比：有的人會看到有閻羅王在審判，有的人會看到有判官在計算每個人所造善惡業的多寡⋯。大多數的人在中陰時，都是隨著自己的業力而到他們該去的地方。業的律法從來不會有絲毫的錯謬。

Q： 勇父屬於六道眾生嗎？

A： 勇父、空行乃是已入聖位的聖者，不在六道輪迴之內。勇父、空行有入菩薩聖位的，也有已入佛位的，譬如：金剛亥母、馬頭明

王…。雖然稱為勇父、空行，但事實上他們是已證悟的佛、菩薩。

修止──無所緣的安住（五）

執著、煩惱和妄念使我們在輪迴中流轉，這也正是我們需要禪修的主因。

對於妄念，我們既不去追隨它，也不去斷除它，只需「安住在自心本性裡」，安住在覺知、不散亂、清明無執、無造作的狀態中。此種安住是一切禪修中最殊勝的方法。如前所說：大手印、大圓滿等許多甚深的教法，皆以此為基礎。

例如：我們有時心很散亂，便會亂說話、盲目地走來走去…，當我們突然間覺知到自己的散亂，這時，毋需去尋思對治之道，只需當下安住於無造作的自心本性中。若能如是安住，一切的煩惱、障礙會自然消失，悲心、信心、虔敬會自然生起。就如同火的自性是熱和燃燒，水的自性是濕和流動，我們的自性即是信心、悲心和虔敬。若能如是安住，自心本性的功德便會自然增長。即使僅僅安住一秒鐘，也能淨除多劫以來的罪業。

有助於心安住的訣竅

* 昏沈或掉舉時，要把身體坐直，眼睛直視前方，讓身體有一種提振起來的感覺。這樣就能幫助我們提起精神來，使心更加清明、專注而消除昏沈或掉舉。

* 感覺心受到遮障而變得遲滯或混亂時，可以四處張望，並不停地呵氣。

* 在日常行止中，如：喝茶時，突然覺知到自心的散亂，就立即收攝、安住在喝茶的動作上。安住的時間可短，但練習的次數要多。

* 突然覺照到散亂時，可將雙手高舉，猛然拍下去（打在大腿上），頓時將心安住。六、七秒之後，心若又散亂了，就可再拍一次。

* 心不要想：應這樣修，不應那樣修…，不要起任何的分別。

若上述諸方都無法使心安住，還有以下的方法。

修止──有所緣的安住（四）依緣出入息 & 　　　　　咒語種子字(略)

明心之旅

第三部

本論中篇 – 不共前行 ＆ 修止

以上，我們已講完四共加行的轉心四思惟法，以及數種修止法。接下來，我們除了繼續深入止法之外，於觀法則進入觀修空性。同時要進入四不共前行，即所謂的四加行（限載部份法理）。

皈依大禮拜

皈依

皈依有二種形態——外在的皈依和內在的皈依。佛、法、僧三寶是我們外在的皈依；自心本性則是我們內在的皈依。在此，我們主要是談「皈依三寶」。

我們究竟的皈依處是三寶，因三寶已達究竟。經由皈依三寶，我們也可達到究竟的成就。皈依三寶之後即成為一名真正的佛教徒，若未皈依就不算是佛教徒。

皈依佛

皈依佛，實即含攝了法、僧之要，故做較完整之闡述，其重點如下：

一． 皈依的對象

我們可以觀想任何我們具有信心的佛菩薩，如：釋迦牟尼佛、觀音菩薩、度母、金剛薩埵、蓮花生大士⋯。我們可以將此皈依之對象（皈依境）觀想在我們的前方，並將之觀想為一切上師、本尊、智慧護法的總集。如是，當我們在向某位佛菩薩或上師祈請時，便能得到所有佛菩薩和上師的加持。因為諸佛菩薩、上師的體性本是無二無別的。所以毋需在觀修文殊時，對觀音菩薩感到抱歉；也不用擔心向這位上師祈請時，那位上師會不歡喜。這些顧慮都只是我們的妄心分別。事實上，當我們認為佛、菩薩只有一位時，我們就只能得到一位佛、菩薩的加持；若能將他觀想為一切之總集，就能得到所有佛菩薩的加持。再者，我們也可將所觀的佛菩薩，觀想為二臂、四臂、六臂瑪哈嘎拉、智慧財神⋯等一切智慧護法的總集，我們便能得到一切智慧護法的加持。

　　由於諸佛菩薩的體性是無二無別的，因此我們毋需一一修持每一本尊法。能明了其自性一如，就能得到他們的加持。

　　當我們明了皈依的功德和重點時，才能發起真誠的皈依心，也才能得到如實的加持。

二. 知佛功德

　　了知佛的功德，才能真正發起皈依之心。概括而言，佛的功德有

三：

1. **遍知**：正遍知，於一切時了知一切。無盡眾生的過去、現在、未來，佛都能了知；我們此刻的心念，佛也完全徹見；無論你祈請與否，他也全然知曉…。為什麼呢？因為一切萬法皆是心的顯現，心無有邊際、遍一切處。佛已徹悟心性，自然能如實遍知一切。

2. **大悲**：佛不是在成正等覺、大事已辦之後，就把大門一關，再也不理會眾生了。他更興起了大悲心，永遠在想各種方法來幫助眾生脫離輪迴、成就佛道。佛日夜眷顧著每一位眾生，就如同母親朝夕眷顧著她的愛子一般。

3. **大力**：佛具備身、語、意的功德力。

(1) **身的力量**：佛可以一根手指舉起三千大千世界，不會傷害到任一眾生。佛的一個毛孔可容納三千大千世界，毛孔不曾變大，世界也未曾變小。若具因緣，佛也會化現各種相來度化眾生。

(2) **語的力量**：佛說的話皆是真實不虛的。依其語的力量，佛能轉法輪、開闡覺悟之法。無論哪一國、哪一道的眾生聽聞佛說的法，都能得到各自的了解，佛並不需要學習各種語言。

(3) 意的力量：佛能幫助眾生清淨罪障，也能令一切眾生如他一般成就佛果。

當我們了知佛具備遍知、大悲、大力的功德，在皈依時，就更能生起虔敬與信心。比如：佛既然有遍知的功德，就一定會知道我們的祈請，不會心存疑惑。以這樣的了解而為祈請，便能得到最大的加持。我們若能如法修持，最後也能具足佛的功德。

三. 皈依的動機

我們是為一切眾生的利益與覺證而發心成就佛道。若能以這樣的發心來求受皈依，不僅能使此生更善順，也會使來生更具福德、更接近佛道、也更容易得到成就。

我們若能虔誠祈請，便能得到佛的眷顧、加持。但也不要心存過多的希求，老想著皈依能得到什麼好處。

四. 皈依的時間

在未成就佛道之前，都要盡形壽皈依三寶。我們也能因此遠離一切障礙與魔害。

或問：佛既然具有這麼大的功德力，為什麼還有那麼多的眾生在輪迴受苦呢？

先前我們已講過業及因果的道理，自己造的業要自己承受，佛也無法改變我們的業。

或說：既然祈請三寶也無助於改變業力，那我們還祈求什麼呢？

在我們虔誠祈請三寶或生起信心的那一刻，便已造作了善業，善業的力量會使我們得到加持。愈是具足信心、虔敬的祈請，得到的加持也愈大。

清淨業障必須具備二種條件：1.了知佛的功德力　2.具備虔敬和信心。若能二者兼具，便能清淨我們的業障。

三種信心

（1）淨信：對三寶生起歡喜的信心。
（2）欲信：祈求得到三寶的加持和功德。
（3）勝解信：真正看到三寶的功德、力量，而生起極大的信心，確信三寶是我們究竟的皈依處。

譬如：長時間走在沙漠中，天氣燠熱難當，你已焦渴難支。心想：「若能有點水喝，該有多好！」這即是欲求的信心（欲信）。你依然拖著

疲憊的步伐繼續走著，突然發現前方有條清澈的小河，在看到的當下，心中生起了無限的歡喜，這即是歡喜的信心（淨信）。當越走越近，已聽到潺潺流水聲，知道自己就快要喝到水。這時就會生起一種確信：「喝了這水，一定能解除乾渴之苦。」這種百分之百的認識和信心，即是勝解信。就如同確信：依止三寶，我們絕對可以淨除垢障、得到加持、成就佛道。

皈依法

要依止覺悟的道理與方法，方能達到究竟的覺證。

佛陀說法無量，主要是以三乘教法而為宣說。三乘是指聲聞乘、緣覺乘和菩薩乘。金剛乘則歸屬菩薩乘，其教法非常深廣，共分為四部續：事續、行續、瑜伽續、無上瑜伽續。

皈依僧

要行於覺悟之道，就必須依止上師。

因為佛法無邊，僅以經卷而言，經藏有一百冊，論藏有二百冊，想要讀完都不容易，遑論學習。再者，經論的意義非常深廣，僅憑閱讀是無法了解法義、掌握重點的。此外，就修持而言，法門亦無量，我們若逐一修持而不知次第、方便，可能需要十萬年，才能將法門一一修過。

其實，實修不比閱讀，若未經上師教授、指引方便，便無法實修。因此我們必須依止上師、求得教授。上師的教授乃是稟承傳承上師口耳相傳——將教法的精華和修持的訣要，一代一代傳遞下來。這些珍貴的口傳教法，往往不是得自某經、某論，而是經由實修實證融合的心髓。

依止上師固然重要，但總歸說來，還是得靠自己去修；否則教法再高深，於你也難顯實益。

從前，西藏有位大學者叫仁千桑波，他到印度求法，成為顯經、密續上卓越的大師。當他回到西藏，就建了一座寺院，他便在寺裡修持。那座寺院的第一層全是經乘典籍，第二層是外密壇城，第三層是內密壇城。當時在西藏還有另外一位大師叫仲敦巴，他鑑於當時西藏佛法非常衰微，又值遇滅佛的藏王，便迎請印度的阿底峽尊者到西藏來振興佛法。阿底峽尊者來到西藏時，遇到仁千桑波大師。二人見面時，阿底峽尊者雙手合十說：「西藏已有您這麼一位學問淵博的大修行者，又何必請我來呢？」尊者接著問桑波大師：「您平常都做哪些修持？」大師便指著寺院的三個樓層說：「首先是修持經乘，接下來修持外密，最後則修持內密。」尊者聽了就說：「看來這些西藏大譯師、大學者也朽掉了。怎麼說呢？因為他們不知道要如何融合教法的精華而來修持。看來，我還是得到西藏來。」桑波大師對阿底峽尊者生起了極大的信心，便依止尊者的教授來修行。最後他在山洞中閉關，終於成為大成就者。

明心之旅

皈依小結

佛、法、僧三寶乃是我們真實的皈依處。

人們若不能依止三寶,這世間就會變得越來越污濁,我們也會有更多的障礙生起。若能皈依三寶,修持上的障礙就會減少。現今有些人未皈依三寶就自行去閉關、修練本尊法等。其實,若未皈依三寶便無法自輪迴得到解脫;若未發菩提心則無法入達覺悟。

皈依三寶的眾生,千億鬼怪也無以加害。即使於戒律有所毀犯或煩惱熾盛,只要我們對三寶的信心未改變,對皈依的功德具信心,就算造了許多罪業,雖會暫時墮入地獄,之後仍有可能迅速成就佛道。未皈依的人,就算是道貌岸然,也只是於短暫的此生得到內心的平靜,對於來世之解脫或成就佛道皆了無助益。皈依三寶的功德,若能加以具相化,是連整個虛空都裝不下的啊!

從前,有位比丘在乞食時,施主供養他一塊質地非常好的布料。當時,有個小偷看到了那塊布,就心生覬覦。那時在印度有個魔鬼團體,他們每天都要殺一個人,那個小偷就是他們今晚要殺害的目標。小偷當然不知情,他滿腦子想的都是那塊布,便一路尾隨比丘回到住處。當比丘進到房內,他就在外面敲門說:「喂,我知道你得到一塊很好的布,把那塊布給我!」小偷就這樣欺侮比丘。比丘知道門外的是小偷,就

說：「布給你沒關係，但是當初我是以雙手來領受施主的供養，所以現在你也必須用雙手來接它。」於是小偷便將雙手伸進窗來，比丘就用繩子把他的雙手捆綁在門柱上，並拿了一根長長的棒子：「我現在要開始唸經了」，「皈依佛」，便同時在繩子上猛抽一下，小偷的手被繩子扯得非常痛。「皈依法」，又抽一下。小偷心想：「比丘要唸的經若是很長，我這下子就必死無疑啊！」比丘：「皈依僧」，又抽了一下。「經已唸完，你可以把你要的東西帶走。」於是就把繩子解開，把布料給了小偷。

當小偷拿著布料回去時，覺得手非常痛，就坐在橋邊休息。心想：「佛陀一定是位遍知的聖者，具備神通變化。他老人家一定是預知我今天會遭遇此一劫難，所以當時他只說了三皈依，他若說的是七皈依或八皈依，那我今天肯定會痛死。」因為手還疼著，他心中就咕噥著比丘唸的三皈依。其實，那些鬼怪原本選定這個時候來殺害他，但他們用盡了各種方法都無法侵擾他。最後他們發現，原來小偷是皈依三寶的人，鬼怪們也就跑掉了。事實上，這小偷並未真的皈依三寶，他只不過是憶念皈依文，卻也因此去除了障礙。那位比丘則是在禪定中得知小偷將有劫難，故而示現善巧方便來幫助他脫難。

我們今天已聽聞、接觸到三寶，並生起信心，便已種下許多善種子。我們要能把握現有的因緣，盡量積聚各種善業功德。若能進而求受皈依戒法並依法修持，便是如實開啟了通往覺悟的第一扇門。

Q： 到廁所去時，可以戴著小佛像嗎？在不淨處，是否應將佛像取下來？

A： 所謂的不淨，乃是我們自心的分別和幻相。虛空是無盡的，空性是遍一切處的，佛也是遍一切處的，因此沒有所謂淨與不淨的分別。廁所也是空性的，空性即是佛的法身，故而廁所也是法身。

所謂的空性或法身，是否真的有一個很崇高的東西在那兒？或如佛像那樣身披纓絡、面帶微笑，非常莊嚴？或是那摸不著、抓不到的強烈光芒…？事實上，所謂的佛，即是我們的自心本性。一切有、寂，輪、涅皆法身。

Q： 西方的靈修，有「指導靈」的觀念，請問密乘可有這種觀念？

A： 所謂的指導靈或世間主，在佛教是不成立的。因為佛法講的是空性，森羅萬有皆是相互依存、依因緣而生，並不是由某個人創造的。有如是因，才有如是果，相互循環。

Q： 佛的神通是什麼樣的境界？

A： 佛的神通叫做不可思議的神通，那是我們無法理解的。譬如：佛能把三千大千世界放到一粒芝麻裡面；芝麻未曾變大，宇宙也未曾變

小。這便是我們凡夫心所無法理解的，因為我們的心總為分別、執著所縛，執著在事物的差別相上。比如：執著這是小的，那是大的，認為大、小是分別而對立的。然而就勝義諦而言，一切都是空性的，大、小，善、惡，高、低…都是無二無別的。

事實上，我們有比佛還更大的神通，因為我們能把本來是無二無別的萬法，變成相對而千差萬別。看來我們的神通確實是比佛通更偉大呢（一哂）！

Q：　我們可否為往生的人或貓、狗等授皈依？

A：　皈依需具備幾個條件：

具授皈依戒資格者：比丘、沙彌或已了悟空性智慧的人（即使是在家居士）。但若在一個沒有比丘、沙彌或了悟空性者的地方，藉著自己對三寶的信心和祈請，我們依然可以在家居士身，授予他人皈依戒。

求受皈依戒時須具之條件：一者須知自己在求受皈依戒，二者須有求受皈依戒法的心；具足此二條件，方能成立皈依戒法的求受。帶貓、狗來皈依，牠們經由聽聞法的聲音，如：皈依佛、法、僧…，能幫助牠們種下善的種子。然而，牠們並不知三寶是什麼、沒有求受皈依的心、也不知道自己在受皈依，所以牠們無法得到皈

依戒法。

就渡亡而言，透過上師的加持、悲願、儀軌，給予中陰身幽冥戒——皈依戒或菩薩戒。這乃是透過上師悲心的加持，引領眾生如何能在中陰境界中見到本尊，往生淨土。

Q： 密乘不是講四皈依嗎？

A： 三皈依是所有佛教、三乘所共有的皈依，四皈依則是密乘的不共皈依。我們一般都用佛教通用的三皈依。

Q： 因重病或不良於行而無法親自到上師面前求皈依的人，他們的子女可以代受皈依嗎？

A： 在求受皈依戒法的儀式裡，上師需問：「信受否？」弟子須答：「歡喜信受」，否則傳法就未完成。以中風重病者為例，他們可能無法下床或跪著合掌，但只要他們能聽聞到上師的聲音，並且了解所說的法意，也算得到皈依戒。
至於由子女代受皈依，只能說他能得到上師、三寶的加持，但不算求得皈依。

Q： 我們在誦經、念佛號等修持之後，將功德迴向給自己的父母，他們

是否真能因此得到利益？

A：　透過自己的修持及迴向，對父母會有很大的幫助。子女為父母累積功德，能使父母馬上得到受用。依於親子這種業緣關係，我們能為父母做很多的事。

Q：　渡亡時，會召請亡者的中陰身來受戒，亡者真的能得到戒嗎？

A：　亡者若對密乘不能心生歡喜，上師也無法使其受得皈依戒法。另一種情形是：依上師的功德力，他能為中陰階段的亡者指引心性，使他們了悟自心本性，如此就能在中陰境界中協助亡者。亡者若對密乘有信心，就比較容易得到協助。若其本身不具信心，就得靠上師以各種方便力，或為其說法，或指出心性，來幫助中陰階段的亡者轉化心念。

發心

一、　發四無量心

慈無量心：願一切眾生皆得樂及樂因，這是一種予樂之心。
悲無量心：願一切眾生皆離苦及苦因，這是一種拔苦之心。

喜無量心：願一切眾生皆得無苦之妙樂，這是一種隨喜之心。
捨無量心：願於一切眾生，無論怨、親皆捨二元對待，住大平等
　　　　　性；這是一種平等之心。

四無量心，若依經典的說法，是依慈、悲、喜、捨的順序來修的。
若依口訣的教授，則是先觀修捨心，在捨心生起之後，才觀修慈、
悲、喜心。

捨無量心——憎、愛平等，於一切眾生平等無分別之心。

〈觀修練習〉

　　首先，想一個你最不喜歡的仇敵或傷害你的人。然後心平
氣靜地想一想他是如何地傷害、欺侮你。

　　再深入地想想，會發現他們對我，究竟是傷害還是利益，
實在很難說。無論處於世間或行於菩提道，我們都需要這些逆
境、對象，才有機會修養安忍、培養悲心——先如是思惟一會
兒。

　　有些我認為是仇敵的人，對方卻不見得把我當成仇敵；有
時，我最憎惡的人，到頭來卻變成幫助自己最多的摯友。再者

，由於別人對我的傷害，反而使我有機會反觀自省，因而看到自己的過失，從而增長修養、智慧。再說，沒有一個眾生不曾做過我的父母，我所謂的仇敵，過去也曾經是我的父母。當時的他們又是怎樣地撫育、愛護我——再如是思惟一會兒。

各位都知道密勒日巴大師年幼時，過的是非常幸福快樂的日子。稍長時，由於家庭變故，他的伯父、姑母不但侵占其家產，還對他們孤兒寡母百般凌辱，致使他生起極大的瞋心，最後咒殺了三十五個人。但他深信因果、深體無常，因而對人世起了極大的出離心，並能堅忍修持，最後能當生即身成就佛道。他曾說：這一切可以說都是拜伯父、姑母所賜。仔細想想，所謂的仇敵有時甚至比父母的恩德還大。對仇敵，我們總是斥罵、反擊。然而，真正的仇敵卻是從自心所生——從自心的我慢、嫉妒、瞋心而生，從自心的希、懼諸念而生。我們平日要能如是觀修、思惟。

明心之旅

〈觀修練習〉

　　現在，將思惟的對象換成一個你所摯愛的人。那個人是不是對你非常好、非常有助益？

　　平常為我所愛的人，包括父母、子女、親友……，這些我們以為對自己最好、最有利的人，往往因彼此的貪愛、執著，而使我們遭受種種的痛苦與障礙，甚至造下欺騙、傷殺……等惡業。對許多人而言，親友往往是行於菩提道的障礙。甚至，那些我們認為最親、最愛的人，到頭來反而變成傷害自己最深的人，甚而反目成仇——如是思惟一會兒。

　　若能這樣深入思惟，便會發現所謂的親與仇，事實上並沒有什麼差別。試想，現在我執著為仇敵的人，過去也曾是我最愛、利益我最多的人；而現在我執著為最愛、最親的人，過去也可能是傷害我的仇人。如是交互思惟，便能逐漸將那對仇人的瞋恨以及對親人的貪著平衡起來，但這還不是捨無量心。若能繼續如是思惟、修持，慢慢地就會對輪迴苦海的一切眾生，無論親、疏，憎、愛，皆能生起平等大悲心，那才是真正發起了捨無量心。

　　慈無量心——願一切眾生皆得樂及樂因，這是一種予樂之心。

每一眾生和自己一樣，都想得到平安、喜樂，都想遠離痛苦、煩惱。去惡行善是致樂之因，眾生內心雖希求快樂，所作所為卻相違背。因此我們要時時憶念盡虛空、遍法界的如父如母眾生，如何使他們斷除輪迴的苦因、苦果，而能成就菩提，得到究竟的安樂——平日要如是觀修、思惟。

　　悲無量心——願一切眾生皆離苦及苦因，這是一種拔苦之心。

　　觀修方法有二：1. 依緣受苦、無助的眾生而為觀想。 2. 依緣母親而為觀想。

<觀修練習>

1.　依緣受苦、無助的眾生而為觀想：

　　比如：觀想一名因身心不能作主、任隨煩惱流轉而犯了重法的囚犯。他正面對法律的制裁，此刻已完全無依無靠，全然無助無望。我們可以設身處地觀想：再過幾個小時之後，我就必須和一生拼得的財富、一生相依的親友分離。再過不久，我就得和我珍愛的身體分開…。那會是一個多麼恐怖、悽苦的處境！

或是觀想面臨屠宰命運的牛羊。牠們又沒做什麼壞事，卻得面臨被宰殺的痛苦，既沒能力自救，也沒有人會去救牠們。其實，一切的眾生都面臨著同樣的處境，不知死亡何時到來，就像是被定了死罪的人一樣。死後，還可能到三塗惡道去受苦。

　　或以世間窮極潦倒的人做觀想，想想他們所受的飢寒交迫之苦⋯。

　　或觀想三惡道，如：地獄道眾生所受的種種不可忍之痛苦。

　　再者，細想一下，其實三善道的眾生也是苦的。他們正在造作許多致苦之因，即將去受苦。事實上，三善道的眾生，包括我們的父母或親友在內，都是站在三惡道痛苦的邊緣，猶如站在懸崖上，卻不知要心生戒慎、常思遠離。事實上，稍不留神，就會掉到懸崖下，墮入三惡道中。

　　如是逐一觀想，生起悲心；再慢慢擴大到無量無邊的眾生，發起悲無量心。

　　總歸來說，三界一切眾生，都是因為不能了悟本具的如來藏，明明沒有我卻說有我，明明沒有人卻說有人，然後於其上執著分別而生起各種的煩惱，因而造作許多罪業，最後在輪迴中受苦無盡。因此我們要對無明眾生生起悲心，希望他們皆能了悟自性、永離痛苦。

<観修練習>

2.　　依緣母親而為觀想：

　　我今生的身體、性命、所擁有的一切，都是母親的恩賜。當我還是嬰兒時，我是那樣的脆弱、無助，隨時都可能死去，是母親全心全意呵護我、養育我，我才有今天——先思惟母親深廣難量的恩德。

　　所有的眾生在無數生世中，都曾經做過我的母親。試想：現今正在輪迴中的眾生或正在三塗惡道中受苦的眾生，都曾是我的母親。如果其中有我今生的母親，想到她現在正遭受那樣的痛苦，人子之心豈能不痛如刀割！其實，母親都是母親，有的只是遠、近之別。譬如：現在正在地獄受苦的眾生是我遠的母親，今生的母親則是近的母親。因此我要關愛這一切曾為我慈母的眾生，願他們都能明心見性、解脫生死、永離痛苦——以如上的思惟來觀修悲心。

　　再令心無造作地安住…（如是交替修持）

　　慈悲具有種種功德，例如：　1. 能減弱對自我的執著、對人事物的貪執。　2. 能減弱瞋恨心、嫉妒心、慳吝心等。吝嗇是因我執太強，不願處於匱乏或不安的狀態。　3. 慈悲是最有力的護法、護身符。

喜無量心──願一切眾生皆得無苦之妙樂，這是一種隨喜之心。

對他人得到的喜樂、成就，或所為的善行、功德，我們皆能生起隨喜之心。我們若不能心生歡喜，表示我們已為嫉妒所障，因而總是在和別人比較：我又不比他差，為什麼他得到的我卻沒得到；我想得到的卻被他得到；他也不是那麼好，為什麼大家都那麼肯定他…。當我們生起嫉妒等種種不善的心念時，其實只會減損自己的功德。我們應如是思惟：既然我已發心為利益一切眾生成就佛道而修持，眾生的快樂也就是我的快樂。但願一切眾生都能得到無苦之妙樂，我亦隨喜其喜樂、功德，是謂喜無量心。

二、　發菩提心

經由四無量心，特別是悲無量心的修持，漸漸地我們就能發起菩提心。

發菩提心有二要件：1. 對一切眾生生起悲心，希望眾生皆能離苦得樂。2. 志令一切眾生成就佛道，證入佛果。

雖然平日我們也是為了眾生的利益而行種種善，但這還不能稱為發菩提心。為了令一切眾生皆得成就佛道、離苦得樂而力求覺證，是謂發菩提心。

Q：如果有人想學大禮拜，但尚未能求得上師口傳，他可以先學著拜嗎？

A：是可以學著拜，但這樣並不能得到傳承的加持。教法無間斷地延續下來，是謂傳承，沒有傳承上師的口傳、灌頂，是不能修持密法的。當我們在上師面前求受教法之後，還要能銘記在心、認真修持。

Q：如何以悲心面對仇敵？

A：對於仇敵，我們要生起悲心，思惟如何利益他們、幫助他們不去傷害別人。只要能基於悲心而去幫助他們，不必在乎是否能得到成果。若非得要示現忿怒相，也要看情況來示現，而且一定要建立在純淨的悲心之上。

此外，對於他們所傷害的眾生，由於他們不知道這樣的修持法，我們也可以告訴他們如何面對仇敵的觀修法和當中的道理。如果他們實在聽不下去，我們也只能不斷地向三寶祈求和迴向，希望他們能慢慢地生起慈悲心。這都是我們可以去做的，但在做時毋需懷有希、懼之心。

發心最為重要。真懷善心時，惡法也會成為善法；若懷惡心，善法也會變成惡法。若發心是為利益他人，而且是建立在慈悲之上，那

麼打、罵人也可能成為功德；若以嫉妒心、驕慢心、比較心而禮拜、念佛、行善，終究無法成為功德。比如：上下樓梯時，若心念利益眾生和成就佛道——上樓時，觀想自己帶領眾生邁向成佛的解脫境界；下樓時，觀想自己帶領眾生遠離痛苦。像上下樓這種看似沒意義的行為，由於發心殊勝，也能成就善法功德。

Q：　如何能轉化我們頑強的瞋心、愚癡…等習性？

A：　無始以來，我們一直在瞋心、嫉妒、愚癡…等煩惱上打轉，形成太深、太強的習性，很難在短時間內轉化它。若能每晚觀修四無量心而至淚流滿面，那是最好的了。即使只生起一彈指的慈悲，也能消除多劫的障礙。

在修四無量心時，往往好不容易修得有點進步時，等二天碰到自己所憎厭的人，就又生起強烈的瞋心：你給我走著瞧！或是想把對方揍一頓以消心頭之恨。但當神智清醒一點時，就會想：我在家裡觀修慈悲時，不是頗有覺受嗎？怎麼境界一來，慈悲心就像彩虹一樣消失了呢？我實在是悲心不夠，大概不適合修這個法門吧！

其實，我們不需要灰心喪志。每一個人都有深重的煩惱習氣，能生起微小的悲心，就已是極大的福報。就如同先前的比喻：捲起來的紙，就算把它拉開，手一放，它又捲回去了一樣，這就是我們的煩惱習氣。但只要我們不斷地拉開它，它就會變得越來越平。所以我

147

們只要能不斷地練習，四無量心便會逐漸增長起來。

Q： 自己常想幫助人，但有時以和善的臉相勸，不見得就能收效成益，這時可以示現「忿怒相」嗎？

A： 通常悲心生起時，顯現的會是寂靜慈悲之相。至於那些智慧護法或忿怒本尊，他們乃是佛事業的化現——對於無法以寂靜慈柔方式度化的頑強眾生示現忿怒相，使其立即停止造業，不去傷害別人。幫助他人，宜以「寂靜相」善巧從事，比如：好意相勸了幾遍，對方依然故我，我們也不能立即示現忿怒相。必要時，可找一適當機緣，示現不歡喜的樣子——這必須建立在悲心而非瞋心之上。但是最好還是以寂靜慈柔的方式來幫助他人。

Q： 四無量心之中，哪一個最有力量、最為殊勝？既然教授四無量心，為何又有誅法？

A： 四無量心之中，沒有哪一個比其餘三個更有力量、更為殊勝的說法，這四種心都是我們依緣眾生而培養的心懷。至於誅法，仍是建立在悲心之上——透過深徹的智慧（須是已證無我之初地菩薩），了知唯有誅法才能利益該眾生時，才會施行誅法。一般而言，唯有具備超度對方能力的修行者，才有施行誅法的資格。

Q： 請說明慈無量心和喜無量心的差別？

A： 慈無量心：令一切眾生具樂及樂因。喜無量心：令一切眾生具無苦之妙樂，亦即絕對的快樂。無量，是指我們所觀想的對象遍及一切的眾生。

Q： 大悲心和菩提心的差別？

A： 二者皆是利他之心。菩提心是以慈悲心為基礎而發起的覺醒之心。若再仔細區分：菩提心是大乘所講的發心，大悲心則是一切眾生本自具足的功德。任何教法，包括所謂的小乘教法也都涉及之。

Q： 如何能讓自己開展出廣大的布施心？

A： 首先需培養布施之心。初學時，可以這麼練習：想像右手的自己拿著一塊金子，布施給左手的別人；再將左手想像成自己，把左手的金子施予右手的別人。透過這樣的練習可以培養布施心。如是擴展下去，最後我們就能念想一切眾生，而將自己一切的財富、功德、喜樂都迴向給一切眾生，做到這樣時，功德就是最大的了。

若未先培養布施之心，比如：一下子給人一、二十萬，突然之間自

己沒錢了，就會心生懊惱——對上師教的法、對自己、對接受錢的一方生氣。最後自己也失去了悲心，反而了無功德。

經典中說：行布施，最後是要修到連身體都能布施出去。就像佛陀在因地修行時，捨身餵虎一樣。但經中也提到：尚未證得初地菩薩之行者，若以身為布施，反而會成為修行的障礙。只有在完全證悟空性之後，對自己的色身已了無執著時，才可以布施自己的身體。最重要的是：在布施之後，不可心生懊悔。行布施而不生悔心，方為真布施，也才能真正利益自他。

Q：觀修悲心時，發現自己悲心所及的都還是世間相對的悲憫心。要如何才能修成無所緣的悲心？

A：悲心也好、智慧也好，都可分為：有所緣的悲心和無所緣的悲心；有所緣的智慧和無所緣的智慧。當我們在修悲心、智慧時，最初所修的都還是有所緣的悲心、智慧。隨垢障逐漸淨除，悲心能漸次擴及一切眾生，方能生起無所緣的悲心、智慧。只有真正完全清淨了垢障，達到如佛一般的智慧時，才可能生起圓滿的無所緣悲心、智慧。

Q：在觀修悲心時，若生起很深的悲傷情緒，該怎麼辦？

A ： 要立即放輕鬆，心無造作地安住。

皈依（大禮拜）總結

仁波切提出下列問題，令學員思惟，以為總結。

1. 皈依的四個重點？
2. 何謂四無量心？
3. 發菩提心的意義是什麼？

修止

修止五階次

1. 如瀑布：開始修止時，心就像那懸崖流下的瀑布，妄念會更多、更
   熾盛。其實，並非妄念增多了，而是因為修止，使我們能較清楚地
   看到自己的起心動念。

2. 如溪流：隨著修止的進展，此時我們的心已變得較為平靜，但仍不穩
   定。就如同溪流，時而湍急，時而和緩。

3. 如小河：我們的心已漸趨平穩、安住，一如平穩流動的小河。

4. 如無波之海面：心已平靜無波，禪修也變得非常容易，隨時可以進入禪定，降伏煩惱、妄念。

5. 如無雲晴空：任何順、逆境界，任何妄念煩惱都無法擾動我們的禪定；無論晝夜，任何時間我們都能處於禪定之中，這是最好的修止境界。

修觀需要清明、穩定的心，當我們的修止已達第二或第三階次時，即奠定修「觀」的穩固基礎。達第四、第五階次，便奠定了「勝觀」的穩固基礎。

重要的是：在修持的過程中，不要去期望達到某一境地。若心存期望，就可能成為彩虹般的修持——雖然可能會有一些境界產生，但它也會像彩虹般很快就消失。

修止三形態：緊修，鬆修，反修。

1. 緊修：是當我們心神非常散亂時，常用的一種對治法。譬如：當我們走在獨木橋上，渡過急湍、高漲的河水時，我們自然會收攝身

心、非常專注，不會想東想西。又如：盯著快要煮沸、隨時會溢出來的牛奶時，那種全然的專注。那時心不會去想應怎修才對…，它自然會非常收攝、專注，好像有一點緊的感覺。這時，心也毋需任何的依托。

<禪修練習>
如上所言，練習緊修。

2. **鬆修**：將一切的修持完全放下，修也好，不修也好，是不是修持也好，全都不管他。放下一切修持的念頭，心無散亂地安住，即是放鬆的修持。

<禪修練習>
如上所言，練習鬆修。

師問：會了沒？ 很難或很容易？

這是很容易的，連要去修什麼都不必想，因為我們的自心本性是清明無執的，因而只需將心安住於自性中（註1）。比如：現在我們能感受到一切外在的色聲香味觸，這種了知的能力是心本具的清明，不假造作而有的。所謂的佛智慧也正是這樣，本自具足、不假外求、非經修持而有，那也就是我們當下的心。很容易吧！

　　從前，巴楚仁波切有一名弟子叫紐舒隆多。他跟隨仁波切求法時，一直無法體會心要怎樣「無造作地安住」。有一天，仁波切走到山洞外的草原上，大字一攤地躺在那兒，雙眼望著天空。當時山下有個寧瑪派寺院，寺裡有隻狗正在叫著。巴楚仁波切躺著問隆多：「喂，你是不是還沒抓到修持的訣竅？」弟子答：「還未能。」師說：「你也過來和我一樣躺著。」隆多就和巴楚一樣攤在草原上。師問：「你看到天上的星星嗎？」弟子答：「看到了。」師：「聽到狗在叫嗎？」弟子：「聽到了。」師：「這就是修行。」就在剎那間，隆多突然抓到了修行的要領，也就知道怎樣去修持了。

　　又譬如：彈琴時，首先要將心放鬆，這時自然會生起一些感受或情感——我們不需要任何的造作、希求或疑慮，也毋需刻意營造某種感覺、情緒。不論當時生起的是什麼，我們都只需將心放鬆、安住在那種覺受裡，它自然會成為修止的一種依托（註2），這也是一種鬆修。

我們總以為：修行就是要有特別的方法或有個依托才能修持。事實上，我們當下清明、無執的心即是佛的智慧。那清明、無執不是靠我們去營造出來的，它就在我們的心性裡，我們只需安住其中。初修時，我們總是會提起勁來，緊緊地專注著——緊修。之後，就要把修持的方法和一切所知完全放下，不再「努力」修持，讓心完全放鬆——鬆修。

　　在任何時空中、無論行住坐臥我們都可用這種方法來修止。但是，最好還是能依七支坐法來禪修。除此之外，前述的各種修止法也都能幫助我們達到心無散亂——修止的主要目的。

3. 　　**反修**：反修也是非常好的修止法。當鬆修、緊修及各種修止法都用不上力，妄念不斷襲來，完全無法克制時，索性就讓它盡量生起；並且歡喜、感謝這些妄念來得正是時候。

　　其實，煩惱妄念的恩德很大，若沒有煩惱妄念，也就無法生起智慧。比如：沒有瞋心就沒有安忍，安忍是因不斷去轉化瞋心才修成的。

　　因此，當一切止法都用不上力時，瞋心、我慢…等煩惱妄念要生起，就讓它盡量生起。這時，我們只需心不散亂地照見妄念的生起，不必去斷除它；同時要對妄念心懷感激，了知妄念即法身。所謂的「不散亂」，是指念頭從其初生到消失，都在我們的覺知、照見中。

　　譬如：將一籠的鳥綁在船上，當船開到大海中央時，便將綁著

的鳥兒放開，牠們會非常歡喜地到處飛翔。但最後，鳥兒還是會回到船上來，因為牠們找不到可以著陸之處。

妄念或煩惱就像那放出去的鳥，就讓它生來滅去。但必須是在「覺知」之下，讓它盡量地生起，毋需數念頭，只是看著生起的念頭，這即是反修，也可稱做「妄念禪修法」。當妄念生起時，要感謝妄念的大恩大德，相信妄念即法身。

反修時，並不去做任何的努力、修任何東西，只是讓妄念自然地來去。因此妄念生起得越多，反而成為我們修止的依托。就如「根緣塵」的修止法，透過眼緣一色相或耳緣一聲塵，作為心安住的依托。同理，我們也可將心安住在妄念上，看著妄念的生起，而成為我們修止、安住心的方法（註3）。若生起十萬個妄念，我們也就有十萬個修止的依托。

〈禪修練習〉
反修：就讓念頭生起，心不散亂地觀照著每一個生起的妄念。

當我們以妄念為所緣來修止時，就只是覺照每一妄念的生起，看所生起的是什麼樣的妄念，容易嗎？

是不是反而生不起妄念了？就是這樣，這就是重點所在！當我們想斷除妄念時，妄念會越來越多，當我們想看它生起時，它卻消失無蹤，什麼也看不到。就在那無念的間隔，也正是我們心的自性。這時只需當下安住、保持覺知。那種狀態維持的時間不會太長，可能一、二秒，心就又散亂，妄念又生起。這時就再去觀照妄念，妄念又不見了，就安住其中，可能一、二秒後，妄念又再度生起…。這便是一種很好的修止法。

　　以這樣的方法修止時，可能發生的狀態有三：

(1)　當妄念生起時，我們能覺照、了知每一妄念的生起；十萬個妄念生起，我們也都能覺照得到，這便是很好的修持。如前所說，修止的根本在於不散亂。我們若能觀照到每一妄念的生起，逐漸把清明安住的時間拉長，我們的妄念就會逐漸消失掉。這種修止法就是以妄念為我們修持覺知、不散亂的依托，最後妄念也會自行消滅。

(2)　當觀照妄念時，反而看不到妄念，沒有妄念了。

(3)　照見一個妄念，它自然就消失了，再看到一個，又消失一個。

　　此三種狀態都是修止。所以說修止實在是非常容易——妄念生起時

可以修，妄念不生時也可修；不論何時、何地、何種狀態都可以修。重點在於：要能把握覺知、不散亂此一修止通則。如前所教，我們可以無所緣的禪修法，令「心無造作地安住」——直接安住在覺知、不散亂的狀態中；也可以有所緣的禪修法，如：依緣出入息、根緣塵、妄念禪修法…等，藉緣境來提起心的覺知，提起之後，再將心安住於覺知、不散亂中。

Q： 無造作和放鬆的狀態，兩者可有何差別？

A： 無造作涵蓋較廣，放鬆則較狹一點。如方才的緊修，當中也沒有所謂的能修、所修，那時心也是無造作的；當我們放鬆時，心也是無造作的。差別在：「無造作地安住」是一種修止的方法，它能幫助我們體會到心的清明。心的清明實則隨時存在、當下即是，只是一般人未能加以把握。

Q： 自心的清明和心無造作之間，有何關係存在？

A： 自心的清明是隨時存在的，即使到了地獄或成了佛都還會有的。無造作則是修持時才會生起的狀態，當我們在輪迴中沈浮，隨妄念而轉時，就不存在了。

Q： 在剛剛的禪修座中，自覺腿不痛了，這是什麼原因呢？

A： 是心無造作的力量使腿不痛。透過觀修空性，也可能使身體的感覺或痛覺消失，但我們現在並未觀修空性，而是在練習「心無造作地安住」。

Q： 無論是在座上或座下，都很難在每個當下保持清明的覺知。我們要如何透過修持而能達到這樣的覺知？

A： 雖說這和生活環境是有一點關係，但當我們已能把握心無造作的安住時，就能領會何以說當煩惱妄念愈熾盛時，智慧也會愈熾盛的道理。

我們的心本具清明覺性。如果心沒有這清楚明白的根本時，我們就不會去想問題；心若沒有這基本的覺知，也不會生起好或壞的想法。事實上，雖然我們的心不斷生起各種妄念、煩惱，但心的覺知面是永遠存在的，它未曾一刻因善念生起而增長或因惡念生起而減少。

Q： 對於佛法的修持，我們都想要向上提升，但卻常為懈怠、懶惰所阻撓，或一有小障礙便不能持續，要怎樣克服呢？

A： 事實上，這正是我們輪迴流轉的原因；也因為無始以來就在輪迴裡打轉，因此這種懈怠、畏難的習氣也特別的重。所以我們更要以精進、毅力不斷去修持。也許今天練不成，明天再練，後天再繼續努力。要靠這種持恆的精進，我們才可能成就。在一開始時，我們會覺得修不下去了，或什麼也修不好，而心生厭煩；甚至只要一聽到或想到修行，心就不爽快。這是因為我們已經開始修行，才能有這樣的體認；在未修持時，不是什麼都不知道嗎？只要我們努力精進，必然能衝破這一關，繼續修下去，不斷地提升。

Q： 我們身為世間人，自然需要知道世間的資訊，因此也會看看電視。但在看電視時，如新聞報導等節目，會讓人很緊張，甚至好一陣子都無法回復平靜的心情，這該如何對治？

A： 看電視時，心要放輕鬆，不要隨善惡的情節打轉。最好是能「心無造作」地看電視，但初學者不容易做得到。其次，我們也可運用「根緣塵」的禪修法——我們的眼睛會看到影像或顏色的變換，就可將心無散亂地安住在這些色塵上；或者耳朵也會聽到聲音，就將心安住其上。此外，我們還可以依緣看電視時生起的種種心念，而安住其上。已認出自心本性者，若其修養已具相當功力，他就可以完全地安住在自心本性的清明無執中——這時，他依然能看見、能聽到、能去做一切的事；甚至，還能同時生起各種善惡的妄念。其

實，這清明無執的覺性即是法身，一切顯現的妄念，只不過是法身的影子罷了。當我們能完全如是安住時，一切善惡的妄念、各種的顯現，也都不會成為所謂的業作了。

Q： 像剛才那種將禪修融入現實生活動態中的修持，可否請您再舉個事例？

A： 比如：吃飯時，就將心安住在吃飯上，保持覺知、不散亂地來吃飯，這樣也就是一種修持。這有二種情況：1.在日常生活中修持禪定時，無論做什麼，都在心的覺知下進行。吃飯時知道自己在吃飯，走路、說話時都知道自己在做什麼、說什麼…。2.單純地將心安住在清明無執中，這時我們同樣也能覺知到一切，也就不會有吃飯吃到鼻子裡的情形了。

Q： 用什麼方法能幫助我們去除我執？

A： 就以本階的課程內容來說：轉心四思惟能幫助我們斷除粗的我執，無造作的安住能幫助我們斷除更多的我執，菩提心的修持能幫助我們斷除細的我執，空性的觀修能幫助我們斷除微細的我執。
無造作的修持主要是在幫助我們斷除執是、執非等二元分別念，空性的觀修也有助於無造作的修持。概括說來，一切佛所說的法，都

是圍繞著無造作而說的。

Q： 如何去除散亂？

A： 平日我們的確常常處在妄想散亂中。一旦覺知到散亂，就要立即反觀自照。當我們這樣突然觀照心的散亂時，會發現什麼也看不到，這時，只須當下安住。我們若能如是安住，就會生起許多覺受——樂、空、明等覺受都會生起。

止法總結

保持心清明無執、覺知而不散亂是修止的通則。當中最理想的方法是「心無造作地安住」。要領是練習時間要短，次數要多。若無法直接安住，我們也講了許多有所緣的修止法，如：透過五根緣五塵、依緣出入息、依四大之風、依種子字、依緣妄念、覺受等方法。

這些是在任何時、地、心境下，都可靈活運用的修止法。當然並不是全都得修，我們仍可選擇自己最相應的方法來修止，或交替練習。

◎ 註1：課程一開始教授的「心無造作地安住」，與「安住於自心本性中」的最大差別，即在於：前者是尚未認出心性的修止法，後者則是認出心性之後，一種單純的安住、自然的無造作。嚴格說來，「安住於自心本性中」 應歸屬勝觀。此主題，本屬大手印第二階學修課程內容。仁波切開

許編者摘錄少分於此書中。

◎　註2：文中鬆修所舉之例，實則包含二種禪修法：一是無所緣地安住於自
心本性中（巴楚、隆多公案）；一是有所緣——依緣心之覺受（彈琴喻）。

◎　註3：反修中則包含了依緣妄念之修止法。依本書編目，可列為：修止—
—有所緣的禪修法（五）　依緣心念（含括覺受、妄念等）。

上師相應法——法理四要點

1.　發心與動機

為了一切眾生的成就、利益而皈依上師。

2.　觀修對象

依止自性為上師，外相示現的則是個人具信的佛、菩薩。比如：在
自己前方觀想出來的上師，或為金剛總持、觀音菩薩或是任何自己具信
的佛、菩薩。其額間是白色的嗡字，喉間是紅色的阿字，心間是藍色的
吽字。他是一切諸佛、本尊、護法的總集，印度八十四大成就者的
總集，藏傳四大教派具德上師的總集，如此觀想並祈請。

3. 認識上師的功德

　　上師具有與佛同等的功德（遍知、大悲、大力），以密乘而言，要想達到即身成就，最重要的就是依止具德的上師。

　　一般將教法分為三乘：小乘、大乘、金剛乘。小乘所指的上師是所依止的凡夫善知識或善比丘，並沒有特別把他們觀想得崇高、尊貴；大乘則將上師觀想為聖者；金剛乘則將上師觀想為佛。

　　自心生起多少的虔敬，就能得到多少的加持，這是緣起的法則。業及因果律：造作此即生彼、此有故彼有、此無故彼無…。須知萬法皆依緣起法則而立。因此，緣於對上師絕對的虔敬，我們也能得到最大的加持，得以迅速成就。藏諺：「不論我們能否觀想十萬本尊，都不如觀想上師一秒鐘。」又說：「以世間一切財寶供養三世諸佛所得的功德，還不及以自己的一髮一毫來供養上師。」在觀修任何的本尊、智慧護法時，都要觀想他們與自己的上師是無二無別的。能如是修法，方能得到即身之成就。

確立上師相應法重要性之二因由

(1)上師等同佛

　　佛菩薩們皆具遍知、大悲、大力等功德，他們示現了各種權巧方

便、各樣化身來度化眾生。為了度化各道的眾生，他們必須示現各道眾生的形相，示現和我們一般的生老病死、穿衣吃飯、煩惱缺失…等諸不淨相。透過這種種的示現，我們才能親見其人、聽聞其法、得其加持。

上師乃是一切諸佛菩薩的總集與化身，其體性與佛無二無別。但由於自心染垢，凡夫肉眼所見的上師也是血肉之軀，也有過失，也是凡夫。譬如：自己有著滿口爛牙的大嘴巴、毛茸茸的身軀，即使所照的鏡子是乾淨的，鏡中所現的仍是那個模樣。又如：小偷慣行偷盜，當他看到別人在看某個東西時，就會認為那個人想偷東西。當他看到有人在跑時，就認為那個人是因偷竊失手而落跑。常懷瞋害之心的人，總覺得別人想害人，反而因此結下更多的仇怨。常懷善念的人，總覺得每個人都好好、好可愛，也因此善緣廣、益友多。

由於我們不淨，本是諸佛化現的上師，便示現了不淨之相，好讓我們能親近、學修。如大寶法王、大司徒仁波切…等已成佛的聖者，便是為了度化眾生而示現為凡夫相的上師。

(2)上師恩德逾佛恩

諸佛菩薩雖具遍知、大悲、大力等功德，但他們現在無法親自現身來教導我們。並非他們不想這麼做，而是業垢所障的我們無法見到他們。比如：釋迦牟尼佛化現人間度化眾生，除了當時的眾生有機緣親見佛陀之外，在他度化事業完成、示現涅槃之後，我們就無法再見到他。

其實諸佛菩薩是遍一切處的，他們不但住在淨土，也時時與我們同在，只是我等凡夫為業垢所障而無以親見。

　　所幸我們還能親見上師，求受、實修即身成就的教法。即使我們真能親見佛陀，他能教我們的仍是這樣的教法。佛說他指示眾生解脫的道路，走不走仍在眾生自己。前面課程中也說：依止的上師是佛，救護的上師是法——真正能救度我們的是正法。不論三乘佛法中的哪一乘法，都必須依止上師求得教授、指導，然後如法實修，才能得到成就。這樣看來，上師對我們的恩德確實是比佛的恩德還要來得大。

　　若能依於上述二因由，生起虔敬心而為祈請、修持，便能得到無量的加持。譬如：佛的悲願、力量猶如太陽。太陽雖然威力無邊、普照萬物，卻無法令一張紙燃燒起來。若說我們無始以來累積的業垢是一張毒紙，我們要藉陽光燒毀它，就需要一支放大鏡來集聚太陽的熱能，那放大鏡也就是我們的上師。再者，當我們修上師相應法並生起虔敬時，十方諸佛的加持也需要透過上師這支聚光鏡，才能傳達到我們身上。
　　教云：「虔敬即為修行首。」若對佛了無虔敬，即使親見佛面、親聞其法，也得不到任何的加持。若能以絕對虔敬的信心，向具傳承、悲願的上師祈請，即使他是凡夫，我們也能得到一切諸佛的加持。

4.　　時間：以虔敬心祈請上師直至成就佛道。

在未成佛之前，我們都要以虔敬心向上師祈請。但不要心懷希求——期望這樣的祈請能立即得到加持、得到大手印的空性智慧、或生起覺證。

　　當我們祈請時，要放下希求心，心懷虔敬。觀想自心本性所化現的上師，顯現在自己前方的虛空中，其相或是金剛持或是任何相應的佛、菩薩（若對上師有絕對的虔敬，也可觀想上師之相。）其額間白色的「嗡」字放出白光，照射到我的額間，清淨了一切身的罪障，並得一切諸佛身的加持。其喉間紅色的「阿」字放出紅光，照射到我的喉間，清淨了一切語的罪障，並得一切諸佛語的加持。其心間藍色的「吽」字放出藍光，照射到我的心間，清淨了一切意的罪障，並得一切諸佛意的加持。最後上師化光融入自身，與我無二無別，隨即將心無造作地安住著。

　　若能以虔敬心觀修上師相應法，就算我們不希求覺證，我們也必然會生起覺證。

Q：　經教說，眾生會越來越沒福德，只能見到佛的化身而已，是嗎？

A：　佛住世時的眾生福德非常大，所以能親眼見到佛陀。越往後的眾生福德就越微小，我們肉眼所見的上師就越來越不清淨。其實，這是我們心不清淨所致。但到了五濁熾烈之世，能以教法來利益眾生的，的確就只有佛的化身了。

Q： 為何不太容易對上師立即生起極大的信心，是不是自己的根性太拙
劣？

A： 觀想凡夫身的上師，而要立即生起極大的信心，確實不易，但信心
可以經由培養而建立。一開始難免是這樣的——好不容易生起了信
心，就生起邪見；才又生起了信心，就又生起懷疑…，所以要不斷
地去培養信心。
譬如：光明皎潔的月亮，映照在三缸水中，所現各異——在清澈潔
淨的水缸中，所映現的是皎潔的月影；在晃動污濁的水缸中，所映
現的是晃動不定的月影；在裝著泥巴水的水缸中，則只能見到一點
點的月影。這裡，月亮象徵佛的悲願和力量，缸水則表徵我們的信
心。
雖然世間確實有一些假的上師，雖然我們只有微薄的福德，但我們
現在仍然可以見到很多具德的上師，並得受教法。一旦到了末法時
期的最後，那些代表佛法、三寶的事物、文字都無法顯現，彷彿消
失於虛空似的，黃色和紅色也不復存在…，那時的眾生是非常可憐
的。

Q： 上師化光融入自身，那光是什麼顏色？

A： 觀想上師的光是彩色的，五色的光芒從我們的頭頂融入自身之後，

我們不淨的色身就慢慢轉化，成為如彩虹一般，無有血肉，無有實體之身。

Q： 以前曾有一提倡無教派分別的利美運動，那是否意味我們可以同時去依止各大教派的上師而修持？

A： 對於無教派分別的修持，或融合一切的修持，在藏傳佛教中，有不同的看法。有的人認為：去和許多上師求受教法而來修持，是有點不好。那就像一個孩子有很多父親，當人家問他父親是誰時，他指不出來，沒有一個歸屬、定位。也有些人認為這樣是好的，因為到各個上師那兒求教，可以獲得各種不同的知識、修法和功德，有助於增長修持。

喝舉的上師則是這麼說：在初學時，是可以到處去求受教法，比如：在聞、思的學習階段，可以到很多地方聽聞教法、思惟法義，但不應生起任何執著。就好比蜜蜂採蜜，牠不會分別這朵花較漂亮或那朵花比較大……，牠在乎的是能否採到花蜜。一旦進入實修階段，就應選擇自己具有信心、可以依止而領受教法的主要上師，並且要能把握一切修持的精華、要點，專一地來修持。同時也要觀想：主要的上師是一切上師的總集、一切上師的融合，以這樣的方法來做實際的修持。

修觀——觀修空性

首先要對空性有所認識，並生起信心，然後安住在對空性的認識和絕對的信心裡。

三種主要妄執

執著乃輪迴的主因，我們執著1.恆常、不變 2.單一、獨存 3.自我。若能逐漸地除滅這三種執著，我們便能漸次息滅一切外境的幻相。

我們主要的執著是什麼呢？「自己」，執著自己是恆常不變、單一獨存的實體。

1. 執著為恆常

你們昨天都看到桌上有這個磬，對不對？（對）

昨天和今天所見的磬是不是相同的？（不是） 那麼昨天的磬又到哪去了？（一哂）你們似乎變得愈來愈機伶了，但現在談的是，平常人看待事物的習性——在不假思惟下，我們都會直覺地說：「是的，昨天和今天所見的磬是相同的。」這也正是我們視諸法為恆常的妄執。

我們也是這樣看待自己，總認為：昨天的我，也就是今天的我。我

們會想：十五年前的我是個小孩。其實，十五年前的我早就不存在，和現在的我根本不相同。連今天早上的我也不復存在，何況是十五年前的我？但我們總認為：從出母胎起到現在的都是我。明明那個小娃娃連路也不會走，怎會和現在這個人的是同一個我呢？我們之所以會有這樣的妄執，是因為我們總是執著幻相，不能體察須臾變化的無常道理。因此不論是對自身或對一切事物，我們都執為恆常，活在幻相中。

除了那些透過觀察而了解空性、無常道理的人，或透過科學分析而了解時間是須臾瞬變的人之外，大多數的人皆不識無常之理，而處於恆常的執著中。

2. 執著為單一

在這講堂裡有幾位語譯員？（一位）　有幾個「你」在這兒？（一個）

當我們走進一間空屋子，我們會想：只有我「一個人」走進去，而不會把「我」想成是多數的。這便是我們視諸法為單一的妄執。對自己亦然，總是執著自己是單一的個體。

然而，若深入探究，就會發現所謂的「單一」體並非單一。比如：當我們講到「你」時，其實指的是有頭、肉、骨、心識…的組合體。

3. 執著有自我

接下來看看，什麼又是視諸法有我的妄執？

剛才說所謂的「你」其實是個組合體，有頭、手、…等各部份。那麼頭是不是你？手是不是你？

你可能會說：不是、不是，那只是「我的」頭、手——當你這麼感覺時，其實正意味著你認為在這些組合部份之外，有個獨立存在的「我」。我們甚至還會說：「我的心」，意味著心之外還有個自主、自力存在的我！

對於自己以外的事物，我們也存有這樣的妄執。比如：桌上這個茶杯，杯蓋是不是杯子？（不是）杯柄是不是杯子？（不是） 這個圓柱形的杯身是不是杯子？（不是） 那它們又是什麼？當你說那是「杯子的」蓋子、柄、身…時，是不是意味著在這些組合成份之外，有個獨立存在的「杯子」？其實，它只是一個概念，是我們心識的產物。

所以說，這三種偏妄的感知乃是一般人普遍共有的妄執。

這三種妄執，都是粗的執著，也是我們輪迴的主因。而各種觀修的主要目的，便是在消除我們的執著。

<観修練習>

　　既然，我們執著自己是唯一的，只有「我一個人」，那麼我們首先要找到我，看看我在哪裡？

　　若沒有我，也就沒有我的一部份，如：我的頭髮、手、腳等。若沒有我，就不會有我的東西，如：我的錢、衣服等。所以首先要能找到我。

　　首先看看，頭、手、腳、五臟六腑…是不是我。若說是的話，那就有好多個我，那該有多好！嘴在這邊說話時，手可到那邊做事，腳可到其他地方走路，身體可以到床上補個小眠。

　　再者，若說我的胳臂是我，那麼它可再分為手掌、上臂、下臂三部份，這胳臂的我又變成三個了。再就手掌來分，又有好幾根手指，手指又可分成幾個指節。就以指尖這一節來分，又可分為指背、指腹、指甲等，如是不斷細分下去，得到的會是微塵。微塵再細分則是極微塵。過去許多科學家都已證明此論點。若就極微塵再細分下去，到了最後，會空無所得，所謂的我也就不存在了。現在許多科學家已用科學方法證明此一事實。

　　我在法國遇到一些科學家，當中有一個團體專門觀察這些微塵，最

173

初他們觀察到微塵有正、負之別，當他們進一步分解下去，最後連微塵本身都不存在了。老一輩的科學家不願意接受這樣的結論，他們認為那若是事實，這個世界又是怎樣成立的？所以他們認為那些研究在方法上或過程中一定有偏差。但新一代的科學卻很喜歡這個新發現，因為他們能以科學方法觀察到空無實有的事實。

一般認為：一切萬法皆由無數微塵聚合而生。但若將微塵分解到最後，會發現連微塵本身也是空的，如此又何來眾多的微塵，遑論其聚合所成的種種事物。所謂的我和世界皆非實存，所以說我們都是空的，聽到這裡，會感到驚駭嗎？

師問：既然一切皆空，為何我們可以看到紙張和桌子？吃飯能得飽？（這時仁波切端起茶杯來，啜了口茶：「這茶真好喝！」）這就是幻相！本來不是，卻執著為是；本來沒有，卻執著為有，無中生有是謂幻相。

以夢境來說明這個道理，就容易明白。我們在夢中真的可以看到台灣、各種房子、各式車子。而且在夢中撞了車，腿也會斷，也會感到痛楚難耐。在夢中見到親友死去時，也會悲痛流淚，甚至醒來時，會發現雙眼紅腫、枕頭濕了一大片。當我們清醒時，也知道夢中根本沒有台灣、車子，也沒有腿斷、人死這回事。但在睡夢中，這一切卻是

那樣真實。同樣的，現實中的我們，其實是因無明而睡著卻不自知，我們執著為真實的森羅萬象，其實就如同夢中所見的一切，皆是幻相。所以說一切萬法皆空、皆非實有，但卻有森羅萬象的顯現。正如心經：「色即是空，空即是色。」

色即是空：當我們看到這張紙時，知道不斷細分下去，它會是空的、非實存的。所以說色即是空。

空即是色：雖然知道紙是空性的，但卻有紙的顯現，讓我們能見得到、摸得著，所以說空即是色。

色不異空：色相的本質是空性，所以色和空的本質是相同的，所以說色不異空。

空不異色：空性本是無生的，卻能在空中顯現一切的色相，如：這張紙即是從空中生起的色相。所以說空不異色。

Q：如何正確理解空性，方能不落入頑空謬見中？

A：初學空性的人，很可能將空理解為虛無，而很難理解：依於空性而有萬法顯現，顯現之萬法其性是空。但經由不斷學習、觀修，我們

也能慢慢了解顯空不二的道理。危險的是，一般人誤以為空了以後，連因果、罪業、輪迴也都是空無的。落入這種空裡，反而成為障礙。其實，正因為空性，也才會有因果、業力、輪迴和森羅萬有的存在。

從前，有個修行人在山上修空觀，於空性生起了覺受。當時在他的關房裡，有很多老鼠在那兒跑來跑去，並發出吱吱聲和碰撞聲。他便悄悄地高舉起他的大鞋子，心想：「我是空，鞋子是空，老鼠也是空！」猛力擊下，打死了老鼠。這便是對空性生起邪見、顛倒見。要知道我們的見地可以很高——具空性、無執的見地，但行為卻要精細、戒慎。因為在未成佛之前，我們無法完全斷除幻相，罪業依然會傷害我們，善業依然能利益我們。因此在未成就佛道之前，任何微小的惡業都要斷除，任何微小的善業都要累積，要非常注意自己的行為。但同時也要依無執和空性的見地來行為，若過於執著，稍微做一點事就擔心害怕，這樣也很難解脫。

所以說因果、佛、輪迴雖皆空性，卻有因果、佛和輪迴的顯現。

Q： 對於「色不異空，空不異色」的涵義，可否再做說明？

A： 當我們了悟到絕對的空性時，在究竟義理上，即為明、空不二或現（顯）、空不二。在我們了知一切的現象是存在的同時，也要對之具

有空性的了知。現象和空性並非各自獨立存在著，二者乃是不相違背且互相依存的。正因為一切的本質是空性，才會有所謂的輪迴與成佛，才會有各種色聲香味觸，也才會有世界和台灣的現起⋯。

如果一切的本質不是空性的話，那麼一切的現象都無法存在，因為什麼都會被卡住，不可能有所生起、顯現。正因為是空性的，所以一切都能涵攝於其中——雖是顯現的，卻又是空性；雖是空性，卻能有所顯現。此即所謂的現空不二或色空不二。

Q： 常有人警告我們：修行時不要走火入魔，這要如何避免呢？

A： 究竟而言，沒有魔，也沒有天人，包括我們自己也非實存的。但到目前為止，我們還未成佛，還待在幻相裡，就要能利用善的幻來斷除惡的幻，因此我們要修菩提心、虔敬心、空性的智慧。這些修持能使我們完全不受魔侵、魔擾，不會走火入魔。

我們的行履要踏實，但見地可以高遠——了知一切萬法的本性是空性。首先，承認、相信一切萬法是空性的。但是就算我們尚存懷疑而說：「萬法到底是空或非空？」這樣一個存疑的念頭生起，也都能幫我們淨除多劫的障礙。若能生起一念：萬法「可能」是空性的，就已功德無量；何況是對萬法皆空能生起絕對的信心，其功德更是不可思議。

修持空性，自然能了知沒有所謂的魔存在，也沒所謂的能害、所害

與害的存在。因此修持空性乃是最好的降魔法。若能空性、悲心雙運而修，便是最殊勝的了。若還做不到空、悲雙運，能修其中一個，也都是很好的方法。

Q：夢中的現象和清醒時所見諸相，二者最大的差別在哪？

A：二者皆是幻相。唯一的差別，可以說夢中是幻中之幻相。但就勝義諦而言，夢中的幻相和我們現實所見諸相一樣，無有差別。

Q：觀修空性到某一程度，是否就能不畏懼輪迴、不希求涅槃？

A：一般而言，我們不需要有希求心或恐懼心。但在尚未認清幻相、生起絕對的空性見地之前，僅是因觀修空性而自以為不害怕輪迴、不在乎解脫或不希求往生淨土，事實上還是會墮入輪迴的。只是理解空，是不夠的，就如那個殺老鼠的行者一樣，反而會造作許多罪業。

我們需要同時具備方便和智慧。智慧是指空性的見地，方便是指悲心和虔敬，此二者如同鳥之雙翼。也就是我們要承認有因果、有過去未來、有佛與眾生，要能生起虔敬與慈悲；同時還要具備空性的見地，離於執著。此二者缺一不可。

我們需要不斷地思惟、觀修空性，也需要依緣一切的眾生而觀修慈

悲，二者交替修持，執著便會漸漸減少，幻相也會慢慢滅去。到最後，就如同密勒日巴尊者能飛空遁地，超越一切生老病死…，這時，我們自然毋需恐懼輪迴或希求成佛。

當你能生起絕對的空性見地時，也就毋需畏懼輪迴。就算到了地獄，地獄也只是幻相的顯現，整個六道、世界都只是幻相的顯現。話說回來，雖然現在我們能理解一切皆空的道理，比如：這張紙是空的，但當我們看著這張紙時，還是會生起分別、執著——執著紙張的大小、顏色的美醜…。又如：雖知金子是空的，有了金子，還是會很歡喜，因為我們並未斷除執著。我們從無始以來執著萬物為實有的習氣已根深蒂固，唯有不斷觀修空性並實證之，才能完全去除執著。

Q： 如何在夢中生起覺知？

A： 在未睡著前，要不停地向三寶或上師祈請：「今晚在睡夢中，一定要能認出自己在做夢。」祈請七至二十一或更多遍。如此祈請後，於內心生起極大的信心，並觀想上師或三寶化光從頭頂融入自身，最後上師變成很小的光點，住於自己的喉間，就這樣入睡。剛開始，可能不會有什麼成果，經由不斷的練習，有一天便會突然發現自己已能認出自己在做夢。那時，就要練習：夢中的自己去到一些很可怕的地方，或做一些很危險的事。比如：在夢裡看到房子，就

要爬到樓頂往下跳…(事實上並沒有往下跳這回事,也不可能讓我們真的摔傷,這主要是幫助我們能非常清楚地知道這是夢。)

即身成就是很難達到的,所以要想辦法在中陰時能夠成就。在中陰解脫教授中:如果我們一生中,能有七次認出自己在做夢,就比較容易渡過中陰階段。若能不斷地練習這個方法,慢慢地我們的夢境就會越來越清楚。在夢裡,一切皆能心想事成。想變成一隻鳥時就能變成一隻鳥,想去美國時就能到美國,甚至可以到下三道或上三道去看看。在夢裡,火燒不到我們、房子擋不了我們、任何東西都無法傷害我們…,我們能完全自在。經由如是修持,最後我們也能在現實中得到自在。

真正說來,夢中修持法乃是那諾六法中的一法。現在講說,你們也無法了解、修持。所以最好是能從前行開始,把基礎打穩,依次第來修持。若能偶爾練習認出睡夢的方法,仍會有助益的。

Q: 我們可以祈請上師幫助我們認出自己在做夢嗎?又為何要觀想上師住於喉間呢?

A: 若能透過祈請上師來幫助我們認出自己在做夢,這也是非常好的。我們從事各種修持,能得到上師的加持是最重要的。至於為何觀想

上師住於自己的喉間，是因為夢境的現起和喉間的脈輪有關。觀想上師住於喉間，有助於我們認出自己在做夢。練習時，不能太緊張，否則難以入睡，只需保持一念：「我要認出自己在做夢。」。也不能過於放鬆，否則可能不到十分鐘就睡著了。太緊、太鬆都不好。初修之時，都會較困難，多練習就好了。

Q： 禪修時，感覺到自己的肚子空掉了，如此下去，會不會就沒有肚子了？

A： 不用擔心肚子空掉就會沒有肚子了，這只是自心的顯現。事實上，我們的肚子是不可能不見的；若肚子真的沒了，那也很好。當你覺得肚子空掉時，不需生起分別或擔憂，只需看著空的現起，心無造作地安住。

Q： 禪修時，若受到外在聲音干擾，就會向內收攝身心；卻又覺得不舒服而無法專心。是何緣故？

A： 這是太過緊張所致——你為了不要聽到那些聲音，而硬將身心往內收攝。其實，聽著聲音，同樣也能禪修——只需將心放鬆、安住在聲音上即可。

181

Q： 何謂有所緣的修持和無所緣的修持？

A： 任何的修持法門，都有有所緣的修持和無所緣的修持。例如：依緣一切眾生而生起悲心，這是有所緣的修持。了知一切眾生皆是空性的，如同夢幻；但念及眾生因無明而輪迴受苦，因而生起悲心，此即進趨無所緣的修持。也就是一開始是依緣眾生而觀修悲心，到後來我們連能生悲心者以及悲心所緣的對象都超越時，也就是無所緣的修持。

又如：依緣上師、佛菩薩而生起虔敬心，這是有所緣的修持。到後來連能生虔誠者以及虔誠所緣的對象都超越時，也就是無所緣的修持。

我們須依次第修持——先透過有所緣的修持，方能入達無所緣的修持。

勝觀——觀修自心本性

於此，不涉觀修法，只稍談自心本性。

本自具足如來藏

從前，有個貧困潦倒的人以乞食維生。他雖家徒四壁，屋裡卻有金、銀、寶石和一個非常名貴的金剛鑽。但他不知道那些是寶物，因此窮苦度日。直到有一天，有人為他指出家中的寶物：「你幹嘛要乞食，你是這些珍寶的主人啊！」。他於是變賣了一些珍寶，從此過著富裕的生活。

　　師問：那個靠乞食維生的窮人和後來那個衣食無缺的富人，哪一個是真正的富有？

　　…

　　一樣富有——只是前者富而不自知，後者則知了；前者雖擁有但無法受用，後者擁有且能受用。我們在輪迴中，忍受著人道生老病死等各種痛苦，或是三惡道寒熱、飢餓、愚癡等痛苦，主要也在這知與不知的差別上。我們不知萬法空性即是佛的法身，也不知自己本具佛智慧的如來藏，亦不知自心本自清淨，因而未能成就佛果而沈浮輪迴。然而無論我們是已成佛果或身處輪迴，心性之智慧、功德並不會因輪迴而受染污或減少；也不會因成佛而變清淨或增長。不論成佛或輪迴，佛性始終一如。今生，我們若能依止具德上師，領受實修教法，並且如實修持，最後必然能開顯自家寶藏。

　　一切密法的修持，不論是生起次第、圓滿次第…，主要目的都在於指出我們的心性。直指心性的教法多為密法，即使現在說了，各位仍然

難以領會。因此我們要修持轉心四思惟法、止觀、菩提心、空性、悲心，來為自己奠定基礎。那麼，將來各位參加第二階閉關時，對於「直指心性」的教法，才能如實學習、如法修持。

迴向和祈願

一般修法都有前行、正行、結行三部份。

前行：修法之始要皈依和發菩提心。

正行：所修法之主體。

結行：功德迴向。修法一始，我們即是為了一切眾生的究竟利益而修持，因此在修法結束時，自然要將功德迴向給一切眾生。

三等迴向

1. 上等迴向

在勝義諦，能迴向者、所迴向者及迴向本身皆是空性；視一切作為皆如水月道場、夢中佛事。如是了空、無執而行迴向，稱為三輪體空的迴向。這只有證悟空性的登地菩薩才可能做得到，我們目前很難做到。

我們現在還在觀修心性，一旦真能見到自心本性，便可將心安住於

心性中而行迴向，這也算是三輪體空的迴向。

2. 中等迴向

乃隨願的迴向與祈願。

若能證悟空性，於空性中行迴向是最好不過的。但目前我們還做不到這樣的上等迴向，因此退而求其次，至少要能做到隨願的迴向——

首先觀想那如實遍知的諸佛菩薩在我面前，他們從無始以來就發願為眾生的究竟利益而修行，並將一切功德迴向給所有的眾生。

觀想我將過去已作，現在所作，及未來將作的善法、修持功德，隨順諸佛菩薩的願，像他們那樣普皆迴向一切眾生。一切眾生也因此得到我所迴向的善法功德。接著觀想十方諸佛菩薩聞我迴向之祈願後，皆歡喜讚歎、印可：「汝願成就！」，並化光融入自身。最後，思惟此觀修迴向者、所迴向之對象、迴向本身皆是空性，而將心如是安住於無造作中。

3. 下等迴向

又名「如毒般的迴向」。何以名為「如毒」？是因其不明了空性，而於能迴向者、所迴向者及迴向本身生起執著。

當我們於空性無法了知，順隨諸佛菩薩發願迴向的觀想也做不到，

只是在心中生起要將功德迴向給一切眾生的粗淺念頭。像這樣的迴向，其功德是有限的。

功德 & 迴向

我們所生起的煩惱，往往會減損我們先前所造作的善業、所累積的福德。如：一念瞋心起，火燒功德林。又如：因慳吝之心，或使我們於布施時，縮減本欲布施之資財；或於布施之後，心生懊悔。再如：當我們因精進修持而生起高人一等的我慢心，或炫耀個己之成就。這些煩惱皆會消減我們之前所累積的福德。

若先前所行的功課皆已如實迴向，之後雖生起煩惱，也不會消減我們的福德。如實迴向會使我們的善法功德與日俱增，就如同把錢存在銀行，會不斷孳生利息一樣。

所以說要令善法功德不會消減且日益增長的最好方法即是迴向。即使不能做到三輪體空的迴向，也要盡力做到隨願的迴向。要知道，我們所迴向的功德，並不是由所有的眾生均分，每一眾生只能分得那麼一點點；而是在同一時間內，每一眾生都能得到我們迴向的所有功德。

第四部

本論下篇 I
– 法要總複習 & 運用之道

修行應與現實生活融合

　　至此，我們已將大手印第一階閉關課程中的實修法要——共前行、不共前行以及正行中的止觀、空性，逐一闡述，並練習、研討。

　　在課程最後，對於即將重返現實生活、回歸世間人事物的各位，我想在既有的基礎上，再進一步針對「如何將佛法運用於現實生活、將實修與日常生活融合」提出一些實用的理念和方法。

　　常見許多人把修行和生活當成二回事，因而無法在佛法的修持上得到進展。比如：因為平日能專修的時間有限，一旦上座禪修，便想著：「我一定要坐得很好！」「我一定要讓心保持清明、無念！」反而使身、心緊張，無法安穩——這便是落入了緊繃的極端。一旦下了座，繼續忙碌的生活時，便又將禪修拋至九霄雲外，任由心隨境轉——這便又落入了鬆散的極端。以修行而言，過緊、過鬆都是缺失、障礙。

　　從前，佛陀的一名比丘弟子和大迦葉尊者學禪修。尊者教導他要以放鬆的身、心來禪修。他回去便伸展雙腿、攤平在臥鋪上，好讓自己完全放鬆，結果總是睡著而非禪修。尊者便告訴他：「你那樣修是不對的，太過鬆散當然無法修好禪定。從今天起，你得以心無散亂的方式來修習禪定。」比丘受教後，便非常努力地收攝身、心，因此坐得十分緊繃，結果還是徒勞無功。尊者見他總是不得要領，便苦思妙策，好把他

從過鬆、過緊的二個極端，拉到適合的平衡點上來。

尊者知道那名比丘在出家前是一位詩琴高手，便找機會問他：「聽說你以前非常擅長彈奏詩琴。」「沒錯！我的確很在行。」「那麼，你一定是掌握到彈出美好琴音的要訣吧？」「那當然！要訣在於──琴絃既不能調得過鬆，也不能調得太緊。因為太鬆就彈不出聲音來，太緊則彈不出圓潤悅耳的琴音。如何在鬆、緊之間，把握到適切的平衡點，便是此中奧秘所在！」這時，尊者便順著他的話：「禪修之道亦如是！」比丘一聞此言，當即領會禪修之要。不久之後，果然修得很好。

接下來，我將簡要地複習以下各項實修法要，並說明運用之要：聞法之要、共前行法、修止、皈依、慈悲、發菩提心、生起次第觀想通則、上師相應法、空性、迴向。除此之外，假若時間允許，我還可能和各位分享一極為珍貴的法要。其實，我內心是萬分捨不得給哩（一哂）！敬請拭目以待！

法要總複習 & 運用之道

一、聞法之要

首先，我以提要的方式來複習聞法之要：

我們應以寬坦、放鬆的心境來聽聞佛法。聽得懂的就銘記於心，聽不懂的就隨它去；也不要希求聽法之後，能立即產生顯著的效益。

　　再者，我們應放下萬緣、一心聞法。不要擔心家中或辦公室裡會有什麼情況發生。擔憂不僅無濟於事，還會擾亂我們聞法。若能藉由聞法、實修來開顯本具之智慧，在面對現實人事時，便能有真實、可信的依靠。

　　尤其重要的是，要能培養正確的聞法動機——發菩提心。時時提醒自己：我不僅是為了個己的解脫，更是為了使一切眾生都能開顯本具的佛性（覺悟的潛能）、超脫迷惑、得到究竟的利樂而致力學修。

　　在座有不少人已學修了相當的時日，朝著至真、至上的人生目標邁進，這的確是需要真實的勇氣和決志。

　　要知道僅是獲得人身並不夠，無始以來，多少幸獲人身的眾生，在不知何為人身終極價值、人生究竟意義的情況下，空過一生。何況，我們連這無常人身何時會死也不知。一生精勤不倦所贏得的一切，有什麼能伴隨、利益臨終和死後的我們？唯有佛法的學修能利益我們的今生、來世，使我們得到心靈真實的平和、喜樂，真正超脫懷疑、迷惑。

　　行於覺悟之道，總不免起起伏伏。有時自覺修得不錯，有時則停滯不前；有時信心如是虔懇，有時則邪見橫生。儘管有些人能輕易地在短時間內達到心靈的平靜，但每個人都或多或少會經歷這些跌跌撞撞的歷

程，不時地生起各種的懷疑、猶豫與迷惑。當我們跌倒時，毋需懊喪，只需鬆坦以待，再繼續努力。可以確定的是，只要我們能步步紮實地修下去，總有親證究竟真理的一天。

二、轉心思惟法——觀修無常、苦 & 業

出離輪迴之轉心思惟法，於前已闡述了人身難得、生死無常、業及因果、輪迴過患等四項要點——此乃修行之道的共同基礎、共前行法。無數生世以來，我們因種種的煩惱而承受著各種的痛苦，其根源即在於強烈的執著。轉心思惟法能幫助我們轉化粗重的執著、煩惱；微細執、染的淨除，則有賴觀修空性和自心本性。

無常與苦

只要是凡夫，就一定會有執著。所執標的則因人而異——有的人偏重逐名，有的人則著重求利，有的人在乎的是人際情感，有的人則極端愛戀自身的美貌，也有人滿腦子只有事業，還有人老是和自己的體重過不去…。我們卻未能領悟：自心執著的標的，無一不是遷變無常的。因為，無常乃是一切輪迴顯相的本質（自性）。對於明明是變化無常的人事物，我們卻視之為恆常而執著不捨。這種悖離真實的妄執，使我們經常處於恐懼、痛苦中，沈浸在沮喪、孤寂、悲傷的負面情緒裡。這是因為

我們未能具備洞悉萬法本質的智慧。

萬法之本質，可依世俗諦（相對真理）而說，也可依勝義諦（究竟真理）而論。

藉由觀修轉心思惟法，我們得以了解依世俗諦所闡明的萬法本質——萬法的本質是無常，輪迴的本質是苦。

一旦我們主觀的認知和客觀的事實得以合致時，我們便能從沮喪、孤寂、悲傷…等非理性的痛苦中超脫出來。就如先前執繩為蛇的譬喻，那個人因自心妄執而將繩子認定為蛇時，一條擱在房門口的繩子能對他造成的傷害，便與真蛇無二無別——一樣可以把他嚇得足不出戶，辦不了事。這時，若有人拾起那條繩子：「喂，你好好看個清楚——這只不過是條繩子！」那「是繩、非蛇」的認知，便能將他從驚恐的痛苦中解放出來。那種認知也能保護他不再受到類似的痛苦，別人也無法再以相同的手法來戲弄他。

所以說：唯有具備了悟真理的智慧，方能滅除妄執，解脫痛苦。否則，妄執愈重，痛苦也愈深。

世間一切，不論是名、利、美貌、情感、事業…皆不離無常法則，包括「我」和「我的」皆然。比如：幾天前，這個法堂內沒有什麼人，今天卻坐得滿滿的，過了明天，它又變得空盪盪——這便是無常，有生必有死，合會必分離。

萬法無常，輪迴是苦。這在佛陀三轉法輪的教法中，是屬於最初階次（初轉法輪）的教法。經由觀修這些教法，可以幫助我們破除以無常為常、以苦為樂的顛倒妄想。這時，我們對「無常萬法確實是無常的，輪迴之苦確實是苦的」生起了定解。這就如同：不會再妄執繩子是蛇，而遭受無謂的驚嚇。

　　然而，我們依然認為繩子就是繩子。這種認為「萬法為實有」的信解，仍是一種妄想，它正是一切痛苦的根源。在這樣的認知之下，我們若將繩子繫在天花板的鉤環上，另一頭往自己頸子緊緊繞上幾圈，然後雙腳一蹬，就真的會一命嗚呼！就如同：知道繩不是蛇，固然不會再被繩子嚇著；但遇到真蛇時，那種認知就不管用，一樣會被嚇得魂飛魄散。佛陀為了幫助眾生進一步破除「萬法自性為實有」的妄執，便在二轉法輪時，開闡了甚深的空性教法。經由觀修空性，我們便能進而證悟自心本性（佛性）——佛陀三轉法輪時所開闡之教法。

　　我們必須經由不斷地觀修，能完全證悟到「萬法空無自性」時，才能徹底除滅自心妄想。這時，即使是生、老、病、死，乃至一切的現象都無法傷害我們。因為我們已體證到：外在的一切顯相，包括自己的身體，無非是自心妄想的投射。

　　要除滅對外相粗顯的妄執並不難，但要泯除微細的妄執就非常難。

因為從無始以來，我們即執著萬法為實有。此一習氣是那樣根深蒂固，僅憑對空性有限的了悟，是不足以將它連根拔除的。然而只要我們不斷觀修，即使不能在此生成就，也能在來世得到成就。就如同：一件穿髒了的衣服，它不只沾黏了不少塵垢，還發出刺鼻的氣味。我們若將它好好地抖一抖，的確可以抖掉一些覆在衣服表面的塵土。但若想去除那難聞的氣味，就得用肥皂來清洗。若想進而去除那些黏在衣服纖維裡的污垢和殘存的氣味，就得找到合宜的洗潔劑，並仔細搓揉一番，才能成辦。

一旦我們能完全了悟空性，就不會再有所謂的生與死。佛陀等徹悟者雖已超越了生、死，但他們為了度化眾生，便做出種種示現。比如：佛陀生於藍毗尼園，在菩提迦耶成正等正覺，於鹿野苑初轉法輪…。這些都只是證悟者的示現，並不具真實性。無量諸佛也都如此示現種種相、種種行，以度化眾生。

眾生因無明妄想而生起種種妄執，引生各種煩惱而遭受諸多痛苦。由於眾生未能了悟：苦、樂完全存乎於心，誤以為是外境帶來苦、樂，故而馳逐外境——此即妄想。比如：今早你幾時進到這講堂？現在，這個你和那時的你可是同一個人？非也！那麼，上午那個聽課的人到哪去了？回家去了嗎？幾時會回來？聽起來雖然像在說笑，但這確是值得深思的問題。其實，這就是我們普遍存在的一種微細妄想——對自身、萬

法執著為恆常。各位不妨想想，當你和別人談起童年往事時，是不是常這麼說：我小時候，去過哪、做過什麼頑皮事⋯。在你的心識裡，是不是把那個小小孩與現在的自己當成同一主體？

依於種種微細妄執，我們生起各種粗顯的妄執，並不斷延伸、擴展我們對萬法的妄想、偏執。我們也因而經驗到外境帶來的種種苦、樂。這便是我們給自心套上枷鎖的過程。

除了普遍存在的妄執之外，每個人也各具其特有之妄執。由於未能認出妄執的虛妄性，因而承受到種種無謂的痛苦。我在世界各地講學時，從人們問的問題，我便深刻感受到：人們是如何因其妄執而承受著種種不必要的困擾、莫需有的痛苦。像是有位女士告訴我：她實在很喜歡開車，對她而言那本是一件輕鬆、愉快的事。但不知為何心中總有個揮之不去的念頭——每看到紅綠燈柱，就覺得那柱子會倒下來砸到她。這使她倍受困擾，無法放鬆地開車。

又如許多人非常執著自己的容貌，他們每天花不少時間待在鏡子前，想盡辦法要讓自己看起來更美一些。若有一天，他突然發現自己臉上有個小黑斑或鼻子有點歪；從那天起，他成天所想的就是要怎樣去除那些瑕疵，也因此更加深了他對容貌的執著。

只見他每天都盯著鏡中的黑斑、鼻樑，愈看愈覺得那黑斑在擴大，

鼻子也比原先更歪，自己是真的變醜了。他愈是心急就愈常照鏡子，愈照就愈覺自己在變醜。他總是覺得別人都在看他的大黑斑、大歪鼻。到後來，他甚至不敢見人或和人說話。

由此例喻，我們可以了解：強烈的妄執，是如何扭曲我們對現象的感知。我們每個人都以為是外境帶給我們困擾，其實，那都是源於自心的妄執。明明無事生事、無擾自擾。

然而，一旦我們能認出這一切皆是源於自心妄執，便不難擺脫它。因此，我們只需寬坦而住並觀察、思惟萬法之本質以及自心對萬法之妄執，如此便能漸漸除滅執著恆常等妄想。

在我們的生命過程中，總會經歷苦與樂，而人生不如意事十之八九。似乎我們不希望發生的事總會發生，我們期盼達成的事卻又一事無成。既然我們已學佛，就要能將佛法融合於現實生活中。因此，不論遭逢怎樣的情境，首先要能保持鬆、緊平衡──讓心境鬆坦而清明，再來思惟當前之難題。

我們不妨問自己二個問題：（1）它是否存有解決之道，還是一個無解之題？（2）自己可有解決之方？若有，就沒有理由擔憂；若無，也同樣沒有理由懊惱，是吧？因為事態不會因你搥胸、頓足，就能有絲毫的改善。否則，我就會是第一個叫你努力擔憂、盡力懊惱的人了！因此，這時，你得平心靜氣地思惟：萬法之本質為無常，一切難題的本質亦然，都有變化的可能。情況有時會好轉，有時不會。就像人生有時充滿

歡樂，有時則煩擾重重。這是每個人都會遭逢的情境，並不是只有自己如此。比如：股票總是有漲有跌。若因看著自己所持有的股票跌跌不休而憂心如焚，甚而變得歇斯底里。此時，任你怎樣用力扯髮、哭號，也不可能讓股票上漲一個百分點，是吧？反之，你若能觀修無常之理，自然能使心平靜下來。這時，暫時擺脫憂惱捆縛的心便能自然發揮本具的智慧，想出最具效益的方法來應對情境。一味情緒用事，在希、懼之間擺盪，只會使心緊縮而限礙了智慧的發揮。

　　不久的從前，有個老人買了張樂透彩券，彩券的頭獎金額是八千三百萬歐元。之後沒多久，老人就因心臟不適，住院安養去了。其間，樂透開獎揭曉，老人中了頭獎。老人並不知情，其妻兒則樂透了，一夥兒急忙趕去醫院報消息。途中，他們遇到了老人的主治大夫，便告以探病之由。醫師聞言：「千萬別告訴他中獎一事，他很可能會因心臟病發作而一命歸陰！」但家屬還是忍不住要告知老人這個天大的好消息，雙方因此爭執不下，最後他們達成協議：此事由醫師來轉達，家屬則在病房外等候。

　　醫師打算以最迂迴、婉轉的方式來轉告老人這件事。進了病房後，他便為老人診視並噓寒問暖一番，然後以閒聊的口氣說：「近來，很流行買樂透券，你是不是也買樂透？」老人：「不久前才買了一張。」「萬一你中了頭獎，你會怎樣？當然我只是說說而已啦！」「中獎固然好，不中也無妨。對我這麼一個快進棺材的老人來說，中不中獎都差不多

啦！」「中了那麼巨額的獎金，怎麼可能不欣喜若狂。說真的，你會非常興奮吧？」「大夫，我若真的中了獎，就把一半的獎金送給您。」醫師頓時睜大了雙眼：「我只是說說而已啦！但你真的願意把一半獎金給我？」老人依然語氣平常：「承蒙您這麼照顧我，我很樂意表示一點心意。」這時，醫師心跳加速了起來，臉也漲紅了，結結巴巴地說：「若是如此，可否請你寫封贈予函並簽上大名？」老人爽快地說：「沒問題，我這就寫給您。」

就在老人將簽了名的信函交給醫師時，病房外的家屬突然聽到一聲慘叫聲，心想：「大事不妙，老人果真如大夫所言，因興奮過度而發病了！」便急忙衝進房裡，卻驚見醫師趴在病床上，一命歸天了！

幾天後，老人完全康復，便出院回家去了。

業及因果

就業與因果而言，最重要的是要了解：業的確存在，而且是由我們自己造作而成的；因此我們必須承擔起責任，無法推卸給自己以外的人、事、情況。

我們也需了解：佛陀從未自命為造物主。並非他一手創造了我們的業，又能隨手抹除我們的業；他只是教示了各種超脫業的途徑、方法。

依於業及因果的法則，我們認識到自己是命運的決定者。因此，我們要能如經典所說：「諸惡莫作、眾善奉行。」來導引自己業的開展方

式。

三、修止

修止，梵文(音)：奢摩他；藏文(音)：息內。

「息」意為「使平靜、平和」。亦即調伏我們失控的心——它總是為煩惱、痛苦捆縛而不得自主、不能自在。

「內」意為「保持、維持」。就修止而言，則指：心已變得調柔、具彈性，因此能自主而覺知。

修止者，心之安住也。什麼是其主要特質？覺知！若能保有覺知，就沒有什麼不能作為修止的依托。

先前已介紹過二種形態的修止法：無所緣的安住法、有所緣的安住法。

「無所緣」的安住乃是修止的主要方法——只是單純地讓心放鬆地安住在它自然的狀態中。如此自然能平息妄念、煩惱；自然能令心變得調柔。

若一時不得其要，則可藉由練習「有所緣」的安住來令心專注。

修止之要，包含身、心二方面。

修止，於身之要點有七

如前所說，於身，有所謂的「毘盧七支坐法」。若依方便道而說，它會是一種很直、很緊的坐姿；若依解脫道而言，它則是中正、平直、平衡、放鬆的自然坐姿。修止是採後說。

以此坐姿禪修，有助於氣脈平衡，因而能減緩老化、預防各種疾病。（若習於前傾而坐，除了容易昏沈之外，還容易引發許多的疾病。）以正確的坐姿禪修，自然能使心變得平和，有利禪修進展。

對初學者而言，依此七項要點（參前）習坐是非常重要的。因為坐姿能穩定，心才容易安住。我建議各位每天能有半小時至一小時的時間，以此坐姿來禪修。其餘時間，於日常生活中，就可採用較容易的坐姿來練習。

心 & 腦

當今有許多西方科學家從事人腦研究，他們發現人腦中所謂的腦波、神經元、神經細胞和佛教經典中教授的氣、脈、明點相近似。

在達賴喇嘛所主持的腦科學研討會中，專家們已發現：人腦的右半邊主導負面思想，左半邊則主導正面思想。密乘中則說：人體右半部如日，生諸煩惱；左半部如月，生諸菩提心、信心、虔敬等善法功德。

有些科學家則以樂團來比喻人腦之運作：樂團需要有優秀的成員，

一如人腦要有健全的腦波、神經元、神經細胞才能運作。但樂團若沒有一位稱職的指揮家，團員再優秀也奏不出美妙的樂曲。於人腦，科學家已找到了那些成員，卻還未能找到那位指揮家。若依佛陀之教來說，心應該就是腦樂團的指揮家了。佛陀也說過：我們看不到心，它不在眼、耳、鼻、舌、身等感官所能感知的色、聲、香、味、觸之內。

以上，是談坐姿時引申到的相關問題。

人們總是問我：「一定得以那樣的坐姿禪修嗎？」對初學者而言，以正確的坐姿禪修確實很重要。它關係到我們體內氣脈的運作，氣脈又關係到我們的正、負面思想和情緒，乃至智慧的開顯。對於高度證悟的人而言，坐姿就無關緊要了，因為他對身體的概念已完全消融。如果你也達到那樣的境界，便可以愛怎麼坐就怎麼坐。

修止，於心之要點有三

1. 讓心放鬆地安住於自然的狀態中
2. 不禪修
3. 不散亂

若能做到後二要點——無修、無散亂，你的禪修就有相當的境界了。

I. 無所緣的安住法
——讓心放鬆地安住於自然的狀態中（無造作地安住）

那種放鬆會像什麼呢？還記得先前「僱員某甲在一日之內完成重任」的故事嗎？就像是那種精疲力竭之後的休歇——心已完全無造作，有的只是全然的放鬆。

難不難？非常容易，你什麼也不必做，只是單純、放鬆地坐著而已。重要的是：每次做的時間要短，練的次數要多。

若能依此安住自心、持續修持，心之明、空等功德將會生起。即使尚未觀修空性，空性的體驗也會自然發生。或名之為「空性的體驗」、「超乎概念的醒覺」、「平常心」。重要的是，於安住中莫要橫生分別「它是這」、「它是那」。那是從無始以來即存在的心性功德，毋需培養而成，造作而生。它本是遍一切時、一切處的。問題是你要能認出它來。

即使你在想：「我未曾有過這種經驗」、「我無法超越概念分別」、「我不知道什麼是平常心」…，你都未曾暫離自心本性。

無論怎樣的念頭生起，只要你不試圖遮止、阻斷它，那種寬廣的開放將會開始展現。

除了空性的功德之外，心性也本具明覺的功德。你我非同無心之木石，有心就自然具有感知之能。不論我們是否禪修、是否念生念滅，它

始終存在著。

假若那感知之能超越了任何的分別、執取，那麼你離認出心性就不遠了。你若真的了悟自心本性，也就了悟了萬法的本質。

平日你知道：「我需要吃點東西」、「我需要待在這兒」…，皆是從心的感知面而生，一切迷惑的感知皆然。若心的感知面不存在，你甚至無法感知身體乃至宇宙所有現象的存在。一旦你能認出心性，你的感知自然會轉為清淨，萬法（一切現象）也自然顯為淨相。反之，則心所感知的一切現象皆不清淨，這也正是我們之所以遭受生、老、病、死種種痛苦之主因。

從某一方面來說，這種安住法實在非常容易。你既不必思惟，也毋需刻意禪修、培養，亦不需捨棄什麼。什麼也不必做，只是單純地坐著。這比吃東西還容易，要有得吃，還得經歷不少的麻煩。這甚至還比睡覺容易呢！

唯一的難處是：它實在容易到令人不敢置信！

因為，我們總認為禪修一定會有什麼特別的修練，也總是期待禪修會使我們的心變得如虛空般開闊、鬆坦或如旭日升空一般…。因此，我們總想「努力」放鬆自心。初學時，稍微刻意地放鬆是會有點用，但若過度就會適得其反。其實，這當中沒有什麼需要造作的，只是讓心安住在它自然的狀態中而已。

至此，我已簡要地說明：經由禪修所能生起的二種功德——空性（超越執著分別）和明覺（心自然存在的感知面），此乃心性本具之功德。

當我們突然受到驚嚇或累到極點時，此時的心都無法生起任何執著分別。正當其時，皆是認出明覺、無執心性之佳機。

可還記得先前嬰兒逛百貨公司的例喻？小嬰兒他能看到陳列的種種物相，但他不會生起貴、賤，優、劣等分別——心覺知一切而超越分別！一般常稱之為「赤裸心」、「平常心」。然而，嬰兒並未認出心性的功德，因而無法受用其利益（註1），這也正是我們的處境。

然而，只要我們能把握「時間短、次數多」的要領，持恆地練習「心無造作地安住」，終究會有認出心性的一天。

認出心性之後，除了觀修心性之外，若能再配合我常強調的三個重點法要來修持——

（1）　發菩提心：我們是為一切眾生的究竟利樂而學修；缺之無法成佛。

（2）　上師相應法：對上師的虔敬；缺之無法即身成就。

（3）　迴向：將我們所有的功德迴向給一切眾生；功德便不致漏失。

——具足了這些，你就不需要再修太多其他的法，自然能在修行道上漸行漸深。

◎　註 1：在 2001 年台灣的課程中，仁波切以概括的方式帶過「心無造作地安住」和「安住自心本性」。於 2004 年初加拿大溫哥華的課程中，他則明確說明：「心無造作地安住」就如同嬰兒之心——雖能明見一切、不起分別，卻未能認出自心本性，故仍處無明中。認出心性而安住於自心本性中，則屬勝觀。

由於「心無造作地安住」近似於觀照自心本性，因此是最能幫助我們認出心性的修止法，是最為殊勝的修止法。

接下來，我想談談如何將「無所緣」的修止法融合到我們的現實生活中。

一般而言，我們的心總是無法自主、毫不調柔、萬分躁動而無法安住。就如同一頭狂象，四處衝撞；像隻瘋猴，亂跳亂竄；也像鳥雀，蹦來跳去，無時而寧。

躁動不安的心就像那跑進寺院的瘋猴，沒來由地一會兒撕毀唐卡，一會兒拋擲供盤，又將蒲團弄得又髒、又亂…；總是在本無事處生事，莫須有中滋擾。就像那老想到紅綠燈會砸到她而無法安心開車的女士。

怎樣才能有效地調理這樣的心識造作？就需要以正向的心識造作來轉化它。什麼又是一切心識造作中，最極至、無上的正向作為——心無造作，此即所謂「無所修之極至禪修」！

若能持恆地練習「心無造作地安住」，心就會逐漸地變得開放而寬

廣;所有那些自尋的煩擾都會隨之消失;心會自然開顯出一些能力,也會變得更加調柔。

於實踐上,要能把握「時間短、次數多」的要領;不要認為非得坐上蒲團、修上一段時間不可。即使你想持續靜坐一小時,它仍是由許多短時間的「放鬆、無造作」綴連而成的。它也可以運用在日常活動中,如:吃東西時,若能心無造作地進食,便能吃得非常放鬆。開車時,若能安住於放鬆、開放的心境中,覺察力會自然增強,便能同時照顧到前、後、左、右的狀況,而使行車更安全、順暢。反之,若以緊繃、煩躁的心來開車:「糟了!我得在幾點幾分與某人碰面,就快趕不上了!」就很可能於忙亂中開錯方向,甚至發生事故,欲速而不達。

所謂的「時間短、次數多」,對初學者而言,每次能安住個二、三秒即可。你可能會發現心才放鬆二、三秒,就又散亂掉,沒關係,就再這麼安住個二、三秒…。比如:蓄水的大水盆中,雖然每隔一會兒,才會有二、三個小水滴落下去,但總有滴滿整個水盆的時候。同樣地,即使每次只能安住個二、三秒,只要持續練習,就會慢慢進步,也總有禪修有成的一天。

再者,「時間短、次數多」就如同敲磬——每敲一下,磬聲就會延續一段時間,直至磬聲消失時,才再敲第二下…。同樣的,當你安住於

心無造作中，每次只需安住到心散掉為止。其間，既不要想去延長安住的時間，也不要中斷它。心散掉了，就再安住。禪修時也不要心存希、懼，希望修得好或擔心修不好。

在日常生活中，運用「時間短、次數多」的最佳妙法是——計數。你可用念珠、計數器或手指頭來計數。

練習時，心要能提起覺知，比如：你上、下坡或上、下樓時，手中握著念珠。你覺知到要讓心放鬆、無造作地安住；這時若真能做到固然最好，若未能做到，即使有那一念意向，你就可以撥顆珠子，算一次。因為那個意向中已含有心的覺知。過沒一會兒，心又渙散掉；當你再度提起覺知、生起令心安住的意向時，你就得到「二」，容易吧？

你可以定下每日的功課，如：早、晚課各 50 次、25 次或 15 次不等。最好是從甦醒至中餐做 50 次，中餐至入睡前做 50 次。自己要下定決心這麼去修，不要輕易中斷它。這種修法完全不會影響到你的日常作息、活動，十分便利。

你能每日規律地禪修固然很好，但往往不是那麼容易做到。因為生活中存在著太多的變數，有時要趕著去上班，有時又有要客來訪，有時則想到花園散步…。這種「時間短、次數多」的禪修法就完全不受時、空限制。不論是趕去上班、到公園散步，乃至和訪客聊天、吃東西…，你都能禪修。

若能在日常中如此把握禪修，即可避免一開始提到的二極化——許多人在座上修時，因刻意想修好而過緊，結果反而修不好。下了座，一回到日常生活中，就又完全鬆散，忘了禪修。然而，不練禪修，就無法進步。當然，你若能既不禪修，又不散亂，那就很行了。若既不禪修，又大散亂，我還沒聽說過天底下有這種修持法。

　　再者，在日常生活中，心會較自然、不會那麼執著，因此其間的禪修也會較清明。

　　有些人一上座禪修就妄念紛飛，擔心的事多到可以和日理萬機的總統相抗衡。他們發現當他們四處走動時，反而比較容易禪修。也有些人，因為無法好好在座上修而感到萬分沮喪，覺得自己永遠做不好禪修。其實，他們只是不得要領而已。禪修有各種不同的形態、方法，像這種「時間短、次數多」的禪修法，就有可能為他們開啟另一扇禪修之門。

　　只要能每天持續練習，你的禪修必然會進步，漸漸地入達平穩之境。

心之探討

　　禪修所修的是心，之前已就心與腦稍做探討，現在則進一步以身、

語、意（心）的關係來探究心。

你我皆具身、語、意（心），其中以心最為重要。你們也這麼認為嗎？理由又是什麼？

假使你坐在某處，身、語皆不動，只有心在想：「我該吃點東西了。」你就吃得到嗎？

若有人認為身最重要，當你搔著鼻頭之癢時，又是誰知道鼻頭在癢？

現在，大家都集聚在講堂內。你之所以會來到這裡，是因為你曾生起這樣的念頭：「我要去那間講堂。」你若不生起那樣的心念，縱使經過一百年，你也不會進到這屋裡來。是吧？

人在一生中總會經歷各種的歡樂、苦惱，不論是苦、是樂，其根源都在於心。

先以身的苦、樂來說。享受按摩、好好洗個澡、享用美食⋯，皆是所謂的樂；燙到手、打針、過冷或過熱⋯，皆是所謂的苦。是吧？

比如：按摩應該是件樂事，但若按壓到反應你身體問題的穴位時，卻又痛不可忍。然而，你若帶著這樣的觀念來接受按摩：經由按摩穴位有助於改善健康。那麼在心境上，你便能不以為苦；甚而身體愈痛，心裡愈爽。又如：假若你的醫生告訴你：「蒸氣浴對你的健康非常有

利。」你帶著那樣的信念，到三溫暖付了費，進到熱如蒸籠的浴室裡，坐在那兒汗如雨下，你卻感覺很享受、很放鬆。如果你的醫生還說：「在熱蒸氣浴之後，接著做冷水浴，能促進血液循環。」那麼不論是沖冷水澡或直接跳進冷水池中，你都會甘之如飴。

在芬蘭，很流行蒸氣浴。那兒的人才從很熱的蒸氣浴出來，就到雪堆裡打滾，認為那樣很棒！

在印度，有些宗教傳統認為：燃燒自己的指頭來供養天神，能令天神歡喜。因此，當他們以全然的虔誠來燃指供神時，心中是平靜、喜悅的。

於身之苦而言，最艱難的莫過於死亡。但你若認定：活著已無意義，死亡才是解脫。你以真正的意願、由衷的願望來迎接死亡，那麼連死亡都可以是一種愉悅的經驗，許多人就是懷著那樣的想法自殺的。這當然是一個非常負面的例子。若以正面的例子來說，那些達到高度了悟但尚未完全覺證的瑜伽士，死亡的到來，對他們而言是件可喜可賀的事。因為死亡如同覺證的助伴——他們知道如何利用死亡的過程來入達最後的覺證。因此他們對死亡了無恐懼，但這和自殺完全是二回事。

以上列舉的，都是以身為例，說明苦、樂存乎於心的道理。

那麼，身、心又有何關連？心乃依身而住。當我們死亡時，身即停止運作，我們會更換另一身體，繼續我們的下一生。這是個無有間斷的旅程，直到我們臻達最後覺證。那時，我們的色身則轉化成所謂的「金剛身」。

接下來，我將以語為例，來說明苦、樂存乎於心的道理。

比如：有的人喜歡保持清靜、獨自靜默；有的人則喜歡和人聊談。這種喜、不喜歡，其實都是取決於個人的心念。

又如：聽到別人對自己的評論，「你好聰明啊！」、「你看起來真是美極了！」、「你的心真善良！」，你就會喜上心頭。「你實在是夠醜、夠笨，簡直一無是處！」你就很難消受。是吧？

現在，請仔細聽我以藏文講的話：「Kye rang tsho kuk pa re」，感覺如何？

不能確定？好吧！我剛才是說：「你們都很棒！」

「Kye rang tsho kuk pa re」，感覺蠻好的吧？

現在讓我告訴你們一個祕密：我已經罵你們二次「蠢蛋」！

你原本就對「愚蠢」、「聰明」持有負面、正面概念，因此當你聽到人家說你笨，你就難受；說你聰明，你就歡喜。當你聽不懂那種語言時，你對那些話就沒有概念——心還未能貼以標籤，就不會有什麼特別的感覺。

所以說，我們對一切外境所有的種種經驗，不論是苦、是樂，皆是取決於心。

這在佛陀三轉法輪中，屬於二轉法輪的教法。如前所說：

第一階次的認識：萬法的本質是無常，輪迴的本質是苦。

第二階次的認識：萬法唯心所現，萬法空無自性。

第三階次則談到佛性。

II. 有所緣的安住法

如果「無所緣」的安住法實在簡單到讓你覺得困難，你可以嘗試較複雜的「有所緣」安住法。對初學者而言，它可能較容易。

因此，不論你是因為於無所緣的安住法不甚得力，或是單純為了增強無所緣的禪修，都能因修持「有所緣」的安住，而獲得助益。

就有所緣的禪修而言，任何標的都可作為心依緣的焦點。當你選好心所依緣的標的之後，只需讓心放鬆地安住其上。

練習時，可先讓心放鬆地安住（無所緣），再做有所緣的禪修，之後再放鬆地安住…，如是交替練習。

先前，我已介紹了幾種有所緣的安住法。在此，僅以「根緣塵」、「依緣意念」為例來說明——如何於現實生活中靈活運用這些禪修法。

依緣色相

（仁波切舉起手來），「你們看得到我的手嗎？」、「能不能持續看一小時？」

如果你的視力沒問題、光線也夠、視線沒被東西擋住，你的眼睛應該辦得到，但你的心呢？在那一小時之內，你的眼睛雖然看著我的手，心卻時進、時出，一會兒去了阿姆斯特丹，一會兒又到了達蘭莎拉⋯。

　　所謂「心透過眼緣色」而修止，是指：當你的雙眼看著標的時，你的心也必須同時在那裡——眼與心同時「看著」標的。

　　至於要選擇怎樣的標的，只要你覺得方便、舒適即可。比如：講桌上的花、茶杯⋯。初學時，宜選擇單純的標的物；熟練時則可含攝全景。

　　有些人試圖集中注意力於某一標的，心就跟著繃緊起來；甚至因為用力過甚而使心停止「看」標的。有的人則以為要「觀想」標的物。其實，只需讓心單純地看著標的物，放鬆、安住其上即可。比如：你以前面的人的後腦為標的，這時毋需分別：「嗯，這髮型不錯！」或「咦，他開始禿頭了！」你只需單純地看著即可。

　　也有不少人告訴我：當他在靜坐時，只要旁邊有人走動，他就倍受干擾，心中冒火而無法坐下去。其實，他大可化敵為友，將原本認為的干擾轉化成助伴——以旁人的走動作為修止的標的。

依緣音聲

　　不論你的耳朵聽到怎樣的聲音，都可以之作為修止的標的。

213

同樣，你只需放鬆地保持覺知於聞聲上——單純地聽著聲音。

初修時，最好以不具含義的聲音為標的，會比較容易安住。等你的覺知力增強之後，就可用具含義的聲音為標的，如：悅耳的音樂。但可別被旋律帶著走，甚而聞樂起舞！

再者，並不需要以特定的聲音為標的，當下聽到的聲音就可以。有些人喜歡以最突出的那個聲音作為心依緣的標的，那也是可以的。

你若能依緣音聲來修止，那麼一切時、空都是你修止的良機。處所是安靜或嘈雜於你了無分別。有些人住家靠近大馬路，總是抱怨：人車往來的喧囂是如何嚴重地干擾他靜坐。其實，他若能以噪音為修止的依緣，噪音也能成為修行的助伴。

依緣氣味、味道、觸受

鼻子所嗅到的任何氣味，不論香、臭，都可作為修止的標的。

舌頭所嚐到的任何味道，不論鹹、酸、甜、苦、辣…，都可作為修止的標的。

身體所感受到的任何觸覺，不論粗、細，輕、重，冷、熱，饑、飽，身體各部位的疼痛，尤其是靜坐一段時間之後的背酸、膝痛…，都可作為修止的標的。

日後你們若有機會進入嚴格的閉關，在閉關期間，你可以享用可口的餐飲，不時找人來為你按摩…。當來訪的法友質問你：「這算什麼閉關？」（在閉關時，一切的受用都應十分簡樸。）你可以說：「這是我的修行。」「你從哪兒學來這門子修行法？」「我是謹遵上師教授而修止的。」是不是很棒呢？（一哂）

　　在現實生活中，依緣觸受的修止法尤其實用。當你承受著病痛，特別是牙痛、頭痛等劇痛時———一般人在這時心已無法自主，完全為病苦所包圍；不論做什麼或到哪兒去，能想到的只有痛、痛、痛。對於懂得藉觸緣來修止的人，在這時，他若能保持覺知並以病痛作為心安住的依緣，那麼他的覺知力和修止功夫都會因而增強。

　　往昔，當你生病時，心便完全為病痛牽引，認定病痛是一種傷害；也因心處於負面狀態，而使病情加重、病苦加深。現在，你若能這麼想：「沒關係，我正好可以利用病痛來修止。」如是轉為正面的意念，自然能使原本因病而懊惱的心平靜下來。接著，你應觀察病痛的感覺——不是觀察病痛本身，而是「感覺」。「是誰在感受疼痛？」那痛的「感覺」實源於心。你若以刀切割屍體，它總不會哇哇叫痛吧？這樣的觀察即使不能讓你的痛苦立即消失，至少不會再感到那麼難以承受。功夫若夠，甚至還會感到禪悅呢！
　　再次強調：因疾病感受到的痛，實源於心。因此當你膝痛、牙痛

時，不是去專注膝、牙，而是要觀察心中痛的感覺。

練習時，若一時找不到心可依緣的觸受，不妨按摩手背上這一點（合谷穴）。如此一來，你既有修止的依緣，又得到按摩穴位的利益，真可說是身、心兩利呢！

不閉根門來修持

先前，我曾以瘋猴喻心——牠經由「五扇窗門」在房裡四處亂竄，於本無事中滋事。我們在現實生活中，若懂得以五根緣五塵的修止法來調心，便毋需關閉那「五扇窗門」來修行。漸漸地，那隻瘋猴自然能被馴服而平靜下來。

如此一來，所謂的座上修和日常生活中的座下修就能融合為一，不復分立，且可雙利兼得。

接下來，我以烹飪為例，來具體呈顯——將禪修融合於日常作務之道。

作菜時，你可以交替使用五根所緣之五塵作為心安住的標的。

在開始作菜前，你要先生起決志：我要讓作菜成為真實的禪修——只需生起如是意向，毋需過度逼促自己。

然後你開始準備材料，橘色的胡蘿蔔、綠色的菠菜…，各具顏色、形狀的材料即可成為心依緣的標的。接著，你開始切菜，在覺知下儘量

切得很細，就看著那些細絲、細末來修止。所以在揀菜、切菜的同時，你的心即可透過眼緣色來修止。

接著將理好的菜下鍋，或蒸或炸。這時，令人垂涎的菜香四溢，你便可依緣氣味來修止。蒸、炸其間，你順便收拾、清洗鍋碗瓢盆，那沖水聲、碰撞聲即可成為心、耳依緣的標的。

不一會兒，菜熟了，你終於可以好好坐下來，享受自己的拿手菜。那在唇齒間的鮮美滋味，即是舌所緣的修止標的。

至於開動前的饑腸轆轆，吃完時的飽足感，都可成為身緣觸的修止法。

現在，餐也用完了，肚子也吃撐了，在你洗碗前，你已完成一座很棒的禪修，不是嗎？

再者，說話也可以成為修止——當你在說話時，就專注於自己所說的話，以之為修止的標的。

或是，當你在辦公時，電話響了。從你伸手去接電話、和對方應對、放下電話，若能始終觀照著自己的起心動念，你也就把握了作務中的禪修之道。

此外，於日常作務中的禪修，若能以正確的動機、心態從事，便能增益功德——在禪修前，先發起菩提心；完成時，則迴向功德。

就修止而言，還有幾點很重要：

217

修持要有彈性，要知道如何適時地活用各種方法。

比如：你以同一種標的修止一段時間，心生煩厭時，你大可換另一合適的標的來修止。當你持續以有所緣的方式修止而心生疲累時，你也可以回到無所緣的方法上。若修無所緣地安住一段時間後，心又浮躁起來，便可變換方法來修。修止的方法、使用的標的很多，你可以變換地來修，毋需拘泥一法。甚至，有時候不論是有所緣或無所緣都無法令心安住。這時，你不妨放下禪修，到外頭散散心。等心回復清明之後，再繼續禪修。總之，只要能讓心調柔、富彈性，不論何種情況發生，你都能以之為修行的依托、助伴。

此外，持之以恆乃是禪修進步的關鍵。比如：你到健身房練臂肌。第一天連做十下尚可，做到二十下就不行了，三十下則是不可能的任務。這一天你練了二十下之後，便暫停練習，好好休息去。第二天你又充滿鬥志、繼續鍛練。如是持續數日，你已能輕鬆地做完三十下。最後，連六十下也變得輕而易舉。這時，你的臂肌已長得相當碩壯，人也變得十分強壯。

禪修亦然。依於持續的修持，心內具的功德便會隨之開顯出來。你的心自然會變得寬廣、開放，堅毅、勇敢，心的能力也會愈來愈強。

當你修到心生疲厭時，就暫時放下它；等心恢復清舒時，再繼續。就如同健身運動，練累了就休息，但不是就此放棄，而是等體力恢復之後再繼續。

若能把握上述要點，將禪修融合到每一項日常活動中，並且持續地修持；無疑地，你的禪修必能不斷地進步。反之，若是三天打漁，二天曬網。那麼，無論是禪修或做什麼，都將一無所成。

　　現在，就讓我以一個牧牛者習坐的故事來總結上述要點。

　　從前，印度有位牧牛者，他一生都在放牧、照料牛群。到了中年時，他決定退休：「我年紀已大，世俗義務也盡了，現在該是依止上師好好修行的時機了。」他來到一個洞穴中，遇到一位瑜伽士，令他頓時生起無比的虔敬；他便當即拜師並懇請上師教導他禪修。上師就教他如何心無所緣、無所造作地安住。領受教法後，他便到附近的洞穴禪修。他試了又試，就是無法令心單純、放鬆地安住。因為妄念不斷地生起，特別是和牛有關的意念總是揮之不去。「唉，我真的好想念我心愛的牛兒們，特別是那些長著漂亮犄角的牛！」他愈是去壓抑那些意念，意念就反撲得愈猛。奮戰一段時日之後，他已絕望，只得向上師求救。一見到上師，他就忍不住地哭了起來：「上師啊！像我這樣的禪修朽木，可還有救藥？」師：「什麼最困擾著你？」「我一生都和牛兒們在一起，因此靜坐時，滿腦子都是牛！」師：「那非但不是問題，還是你的助伴——如果你懂得如何把握它！現在你就改用這樣的方式來禪修——每當關於牛的意念生起時，你就將心安住其上，以它為修止的標的。」

　　重拾信心的他便歡喜地回到洞穴中。他依法靜坐沒多久，便發現禪修變得容易得多。但他還是時有困擾，因為牛兒不只會浮現，還會如往

常那樣上坡、下坡地走動、吃草…，使他很難將心專注在固定的意念上。因此，他又得去請示上師。師：「當我們觀修生起次第而將心專注在本尊的相狀上時，我們的心就會隨之變得平靜、清明。同樣地，你也可以觀修本尊的方式來禪修——觀想你是怎樣陪伴牛群們上山吃草，引領牠們到溪邊喝水。日暮時分，是怎麼將牠們趕回牛欄中——確定一隻也沒少，然後栓好門柵。走之前，還不忘拋些乾草好讓牠們在夜裡嚼嚼。」接著，上師將口訣、心要傳給了他：「要讓昔日牧牛的情景歷歷如繪地呈顯在你的心中；尤其要能將每一頭牛，乃至牛頭上的犄角觀想得清清楚楚！」

他回去便依言禪修，十分得心應手。過了一段時日，他察覺到自己的心變得相當穩定、清明，便萬分欣喜地去向上師報告。師：「很好！現在，我要給你更進一階的禪修法——自觀成牛，尤其要將注意力集中在頭上的犄角，務必觀到栩栩如生！」

他便滿懷自信地回到洞穴中，當即雙腿一盤，開始自觀為牛尊。他還特地將頭頂上的一對牛角觀得雄偉、光燦，竟然不自覺地發出一聲「哞一」。之後，他的觀修一天比一天清晰，直到有天，他因為需要外出，便壓低身子好走出那又矮又窄的洞門。突然間，他感覺頭頂上有個東西撞上了門檻，把他卡在洞口動彈不得。他伸手往頭上一摸，乖乖不得了，竟然摸到了一對犄角。這下他可嚇壞了，從門板上拔出犄角之後，他便三步併做二步地奔到上師跟前：「你看！我依照你的指示禪修，竟然變成這副模樣。現在我又該怎麼辦？！」上師平淡地答道：

「至少可以確定一件事——你已修止有成。現在，你只需換個方式禪修即可——一心觀想『我沒有長角』。」

　　他依法禪修一段時日之後，犄角果然消失了。這時他已困惑到極點，便去問上師：「這到底是怎麼回事？當我觀想頂上長角，就真的長角；觀想沒長角，角就消失無蹤。怎麼會這樣呢？」但見上師侃侃道來：「其實，不論是長了角或角消失，皆是你自心的投射；如是乃至一切萬法，莫不是自心之顯相。然而，無始以來我們認定萬法為實有的妄執，不斷地加深顯相的實有感，因此更讓我們確信其實有性。」他當下心開意解，了悟空性。經由不斷地實修，他終於臻至極高的證悟，成為印度偉大的成就者之一。

　　希望各位也能依循他的足跡前進，將他的禪修法融入開車或騎車中。或許哪天，你也發現你腿上黏附著一副單車呢！

修止可能生起之經驗

　　初學禪修者在領受上師指導之後，回到家想好好練習禪修時，往往會發現：在上師處靜坐時的平靜不見了，代之而起的是不能自主的昏沈和散亂。這時，只要不放棄，繼續讓心放鬆、覺知一段時日，你便開始能分辨出散亂、無散亂的差別。

　　有時，你能做到身、心放鬆，因而對自己的努力感到滿意。有時，則因妄念、煩惱有增無減而心生懊喪：「之前不是坐得好好的嗎？怎麼

近來愈坐愈差呢?」其實,這是很好的徵兆,你進入了第一階次的禪修經驗——瀑布經驗。這時的妄念就如同從山壁上沖刷而下的瀑流,力量很大。這就是為什麼你會覺得妄念、煩惱反而有增無減。其實,是禪修使你的心變得較為清明,覺照力增強所致。比如:剛注入河流的水往往十分混濁,因此你不知道河中有魚。當泥沙沈澱、河水變得較清澈時,你才發現河中竟然有那麼多魚。並不是魚增加了,而是水變清了。我們無始以來矇昧的心,今因禪修而變得清明,故能見諸妄念。

這是大多數人會經歷的經驗,當然也有些人是從一開始習坐,心就相當平和、穩定。

你若能持續禪修,漸漸地便會進入另一階次的經驗——河流。當水從山壁以「瀑布」的形態沖刷而下,成為奔竄於山麓的「溪流」之後;一旦進入谷地,它就成為較穩定的「河流」——雖然偶遇大石,仍會迴旋、動盪,但已具相當的穩定性。此時,心變得更為平和、開放、寬廣,也更加堅毅、調柔。雖然偶爾也會激起妄念、煩惱,甚至不想靜坐;但這時,禪修已然成為心的習性。

經由持續的禪修,你終能達到如無波大洋的境界。此時,你的心已離一切散亂,達到完全的平和、穩定。心是如此自主、調柔,因此從早到晚無論做什麼,心皆能自然安住其上。身、心也會生起所謂「調柔之心的喜悅」——身體感到極至的輕靈,心也不再有任何的痛苦、遍滿著

喜樂。

這時，由於心已達到相當的靜定，心本具的功德便開始顯露出來——某種限度的開顯。比如：產生一些世俗(不究竟)的神通，像是一些異常的洞察力——能透悉他人的心念、能見過去生與未來世、能見肉眼所不及的遙遠事物或望穿數重山外的景物、神奇變化身形、示現神蹟⋯等。

在擁有這般神通的同時，你也面臨極大的危境——你可能因而自命不凡、心生驕慢。你也可能想利用神通來獲取名、利，而名利最易遭致毀傷。你若予以反擊，便悖離了正法，稍假時日，便會為魔所牽，因而投生地獄道。因此在藏傳佛教裡，我們謹守：未達究竟覺證前，不顯露神通的誓句(如同三昧耶戒)。

其實，就覺悟之道而言，神通不僅無足輕重，還可能成為障道因緣。它既不能助你轉化煩惱、我執、迷惑，也無助於了悟法性、出離輪迴。

一旦發現自己有了通力，除了可以向上師稟報之外，應將它完全隱藏起來，切莫當眾炫耀。例如：達賴喇嘛，一位能自主選擇以人身轉世的菩薩，他當然具足神通。當他談到自己時，又是怎麼說的？「我只是個佛教比丘」、「我只是個凡夫，沒什麼了不起，也不會神通」。有一

回他去台灣，有一群人去拜見他。他們認為達賴喇嘛必定具備遍知的通力，便請求他顯露一點神通。他說　：「我沒有任何神通，我還長了牛皮癬，成天癢得不得了。我若真是個遍知者，怎會不將它處理掉？你們難道沒看到我坐在這兒，就像隻猴子，動不動就搔搔臉？我有自己都治不好的病呢！」

　　一切眾生皆具佛性，能開顯無量功德。然而在我們尚未培具足以認出心性的智慧之前，佛性的功德依然隱而不顯。其間，我們或因修止而開顯了部份明覺功德，因而生起神通；但這並不意味我們已了悟心性，也未必即是佛弟子。只能說斯人已熟諳專注、覺知之道。比如：太極拳是藉由身體的運動來培養心的專注力，練到純熟之境時，也能獲得真正的力量。但這只表示他的心已入趨平靜，生起了一些功德；並不表示他已了悟心性或是個修持佛法的人。

　　以上是針對修止可能產生的經驗所提出之忠告。

禪修中的二種經驗：粗糙之境　＆　平和之境

　　隨著禪修的進展，你可能會經歷各種形態的經驗。在藏傳，我們並不以一般人認為的高、低來作為經驗的量尺，而是以粗糙、平和為區別。但別望文生義，以為粗糙之境便遜於平和之境。二者並非孰優、孰

劣，只是類型不同而已。

所謂的平和之境可分為三種：喜樂、清明、無念。

禪修中，有時身、心都經驗到極度的喜樂，有時心則清明到甚至可以透視牆外的事物，有時心中如無雲晴空般地空無一念。此三種境界有時是以交替的方式生起，有時也可能在你沈醉其境時，頓然消失，代之而起的是強烈的忿怒情緒。

這時，你往往會眷戀先前的美妙經驗，渴望重返彼境。然而，相反地，你經歷到的往往是另外二種經驗——昏沈、掉舉，所謂的粗糙之境。

在掉舉經驗中，你會生起許多的意念，尤其是忿怒、驕慢之念，並感到心煩意亂。

在昏沈經驗中，你則處於完全麻木不覺的狀態。這時，你可能覺察不到有什麼念頭，因為了無清明可言，而且還不時睡著。

其實，掉舉、昏沈都是很好的禪修徵兆，可以說與喜樂、清明、無念等平和之境不相上下。傳統上甚至認為：若能在粗糙之境中持續修下去，所得的利益會比平和之境中的持續修持來得更大。只要你能不斷修持下去，最後終會入達平穩之境——無波大洋的境界，心中已了無起

伏、動盪。

遍時俱在的心

　　以初學者而言，不論你是否相信有前世、來生，都不妨礙你學習禪修。你也能因禪修而受益，如：心得自主、專注、調柔等。當你禪修到相當的境界時，透過自然開顯的通力，你會知道確實有前世來生；或者隨著禪修，發現自己愈來愈不受制於煩惱，因而對佛法生起了更高的信心、虔敬。依於信心與虔敬，你的道業也會日益增長。

　　關於是否有前世、來生這回事，我來幾舉個實例：

　　在西藏，有些人擁有珍貴的寶石縞瑪瑙，又住在盜匪經常出沒的偏遠地區。他們便將縞瑪瑙埋藏在自家之外的某處地底，連對家人也秘而不宣。當中有些人在突發的意外事故中死亡，就又投生到同一個地區（生前並未如此發願），並找到前世所埋藏的寶石。在印度也有許多類似的故事。

　　外科手術中也常有這類的事發生：病患已上了麻醉藥而失去知覺，手術之後醒來時，卻記得手術時用過的各種器具。這是因為麻醉當時，腦子雖然失去知覺，心卻仍在那兒看著。

我在美國參與了不少人腦研究實驗，也和某大學的科學家們討論人腦所具的各種功能。有一回，我們討論的話題是：是否有人可以在矇住雙眼、塞住雙耳⋯⋯——完全遮蔽感官之下，依然能不經審思、揣度而立即知道他身後或遠處發生的事。若然，那麼科學家認為人腦主宰一切的主張便無法成立。許多偉大的成就者，如：大司徒仁波切和我所認識的瑜伽士們，他們因覺證而開顯的通力，使他們能知曉一般人所無法感知的事。

　　大司徒仁波切是我的根本上師之一，至今，他已認證了三百多位祖古（轉世者）。那些認證函，有的是他在閉關時寫下的，有的則是在日常生活中，如座車中寫下的。祖古們的投生處，往往是他未曾去過的地方，像是在印度或西方的某些地方。認證函中必須詳具祖古今世之出生年、出生地、父母的名字等。比如：我的侍者在他西藏的寺院裡就有一位祖古。當他歷經艱險來到印度見到司徒仁波切時，便請求他找尋那位祖古的轉世。司徒仁波切於是寫了一封詳明的認證函給他，上面明列了祖古今世之出生年、出生地、父母的名字、住屋的相狀，從他那間寺院要走哪個方向可到祖古家，騎馬需要多少天。我的侍者也依函找到了那個轉世者，一切情況與信函無不吻合——只有父親之名除外！尋訪當時，村人所說的名字和信上不同，但生母卻說了另一個名字——和信上的一致。原來，生母於夫婿經商在外期間，有了外遇，信上的父名便是那情夫的名字。

偉大的聖者如司徒仁波切者，便能知曉一個神識的過去、現在、未來。

禪修心要

最後，我以闡釋大手印祈請文中的禪修心要，作為此一子題之總結。

「教言：毋逸即禪修正行，隨顯即悟體性自如如，於彼無整安住之行者，修行遠離妄心祈加持。」明示了修止的關鍵、心要。
「毋逸即禪修正行」
藏文 Yeng Me：毋逸、無散亂，它和覺知是同義詞，乃禪修之主體。

那要如何修持，方能體驗此覺知、無散亂之境？
「隨顯即悟體性自如如，於彼無整安住之行者」
藏文 Gang Shar：隨顯，無論生起什麼——任何時刻為心所經驗的任何情境。或為思想、概念、情緒，或為煩惱、痛苦、無價值感等負面意念，或為慈悲、菩提心等正面意念，或是五根之感官經驗……——皆是鮮明、赤裸的，皆是意念之自性。

對於心所生起的種種，又該如何處置？文中並未教你隨轉其中，而是不做任何反應，只是單純地安住於當下所顯之境，覺知著心念的生起。

　　句中：「安住」，乃單純地看著、覺知著心念的生起——此乃修止最主要的重點。

　　「修行遠離妄心祈加持。」

　　此句明白指出修止的真正障礙——對心所生起的境相不斷地予以概念化。

　　比如：你靜坐時心想：「這一座一定得修得很好！」這意味在你的認知裡，念頭、煩惱是敵人，應予去除；平靜、無念、開放才是真正的禪修。這表示你還未能把握到禪修的關鍵點——你若能保持覺知，在任何念頭、煩惱生起時，即時認知；那麼，它們非但不是障礙，反而是助伴。由是覺照，則煩惱生起得愈熾烈，智慧、明覺也就愈旺盛。一切正、負面的意念和情感皆於安住之心中得到超脫——在此，是依修止階次而言明覺、超脫，非謂了悟層次之明覺、超脫。

　　基本上，修止，只需單純覺知著心正在生起什麼，安住在那覺照上——心生起的鮮明、赤裸上。

　　假使你偶爾發現心中了無意念、情緒，這時，你只需單純地安住在

無念的覺知上即可。

四、皈依

皈依可分為：相對（世俗諦）皈依、究竟（勝義諦）皈依。

於此，除了就先前已講述的相對皈依稍做補充外，也將進一步闡明究竟皈依，最後則略說融合日常生活之道。

佛說：「眾生皆有佛性」，所有眾生皆具本自清淨圓滿之心性。就心之本質而言，眾生與佛無二無別。然而，眾生自無始以來即為無明所障，因而輪迴受苦。因此我們需要皈依徹證心性的佛陀，並依循其所示之覺道，領受其加持，以證悟心性、開顯自家寶藏。皈依佛陀（三寶）即是相對皈依，證悟心性則為究竟皈依。

以相對皈依而言，皈依如同入門——入覺道之門。我們由衷生起誓願、信諾：接受佛陀為導師、正法為道路、聖僧為覺道上的嚮導和助伴。皈依不同於祈求，它不是無助、惶恐之心的求助。

真誠的信心乃是皈依的要件。先前已說過三種信心：淨信、欲信、勝解信。

常言：慈心能滋養人世，真愛能普利群生。信心實為愛的一種體

現。對於外在的三寶、內具的佛性，若能具此三種信心，便能漸漸了悟心性。

先前，於相對皈依，我們談到佛陀具遍知、大悲、大力等功德。於究竟皈依而言，那也正是自心本性所具足的功德。

1.　遍知

輪迴、涅槃一切現象（萬法）皆是自心之投射，未曾離於自心。因此，一旦能全然了悟自心，自然能了知萬法。此何以佛能遍知一切，這也是你我終將親證的境界。

（只見仁波切抓起一顆糖）你們皆本具此遍知一切的智慧，是吧？那麼，我手中握著的是什麼？（或答：糖果。仁波切將手一攤，空無一物！）——我們雖本具遍知之能，但在未能認出自心本性之前，其功德便隱而未顯，我們也無法受用其利。

假設你有一顆巨大、完美無瑕的鑽石，它具有什麼功德（特質）？

（或答：美麗、昂貴、透明、閃耀、無堅不摧、不可摧壞、反映色彩、多功能…）

有天，你不慎將它遺落在路旁，躺在那兒的鑽石便經年累月為塵土所覆。直到有一天，被探測到它的地質學家挖出來。他慢慢地清理那一團硬土塊，終於讓它風華再現，之後就將它供在神壇上——這時的它是

否比塵封時具有更多的功德？

其實，鑽石始終是鑽石，有別的是塵垢。

同理，遍知的智慧是心性本具功德之一，只是無始以來為無明所遮覆。「無明」於什麼？未能明自本心、識自本性。故而我們體驗到的不是心性的功德而是迷惑、輪迴、痛苦。

即使如此，我們於佛性功德仍有某些程度的體認。比如：於能力，即使螞蟻也具覓食自活的能力；於慈悲，即使是最邪惡的人對妻兒、寵物也有溫柔的一面；於智慧，再愚魯的人，仍具少許能知的智能。這就好比：將超級巨燈置放於建築物內，並關上所有的門、窗。我們從縫隙中透出的光，便能想像巨燈的威力。

所以說任何眾生都具有或多或少的佛性功德，明了這一點是很重要的。

2. 大悲

隨著遍知智慧的開顯，自然任運而生的便是佛性的大悲功德——完全無邊際、無條件、平等遍及一切眾生的慈與悲。佛依遍知、大悲而能同時了知一切眾生之迷惑。

3. 大力

徹證佛性的佛陀，已完全超越二元分別，已了悟萬法空無實性。他依於空性的智慧生起了無比的力量，能成辦廣大饒益事業。

　　從我們發起菩提心，不斷實修而漸漸了悟心性，我們就能逐漸開顯心性本具之能力——於一切萬法任運自在的能力。當我們臻至佛境時，此種能力便完全地開顯出來。

　　遍知、大悲、大力乃是佛陀、佛果（境）、佛性所具之功德。

　　至於如何在日常生活中修持皈依法要？我將以極簡略的方式帶過日課、日常行止中的修法。

　　相對皈依的日課修法：

　　首先觀想佛、法、僧三寶顯現在你面前，你從心中生起虔誠的皈依之心。然後口誦皈依祈請文數回，發起為使一切眾生皆得解脫的菩提心而祈求三寶賜予加持。之後，觀想皈依之對象（皈依境）消融入你自身，二者合而為一，即於此境中安住片刻。若不知如何安住於合一境中，則放鬆、無造作地安住即可。

　　日常行止中的修法：

　　清晨起床時，發起對三寶的信心，誦幾回皈依文。這能使你於一日之中保有心的清明，避免無謂的障擾。要了解：三寶並不能免除你由先

前業作所現起的障礙，否則誦誦皈依文就可消災除障了。

此外，修止時，也可觀想佛陀顯現在你面前，以之作為心所緣的標的。如此一來，皈依也能成為修止的助伴。

每個人都有他生命中的依靠，比如：財富、名望、權勢、親人…。這些無一不是無常變化的，不是嗎？以無常的人事物作為依靠，終不免失望、傷痛。

三寶不離我們自心本性，是超越變異的穩當依靠。以它作為我們的依處，能使我們體現自心本性，得到究竟的覺證、解脫。

在日常行止間，心要能時時皈向三寶。比如：用餐前先供養三寶。日間可以觀想佛陀坐在你的右肩上，如此一來，不論你走到哪裡，都是在繞佛；心也時時有依處，即成為日常中的修止。

上述方法皆是依相對皈依而言，至於究竟皈依——了悟自心本性，在各位尚未完成各種前行法之前，即使我談它，你們也無法得到真正的了解。那就是為什麼我會明確要求：必須完成第一階大手印的指定作業，方得參與第二階的課程。若不經淨業、集資，便難以識自本性。依次第踏實走過，至為重要。

五、慈悲

如前所說：苦、樂存於一心。在現實生活中，既然一味擔憂無濟於事，我們何不讓心放鬆、開敞，如此不論是在職場上、家庭中、修行上…一切的情境中，所得皆會是利益。因此，我們必須如此訓練自己，培養所謂的「淨觀」，對一切情境的感知皆能轉為清淨、喜樂、正向性。比如：一般我們認為的痛苦，其實是很好的東西。就如同敵人給了我們觀修安忍的標的，痛苦也能成為我們觀修慈悲的標的。藉由痛苦，我們還學會如何去除痛苦、獲得新知。

　　從前，西藏有一位偉大的上師叫巴楚仁波切，他對一切眾生皆深懷悲心，一生廣興利生事業。

　　有一回，他到噶陀（Khatok）寺為他的弟子講授慈悲。當中有一名弟子相當自負：「所有的慈悲觀都很簡單，我早已通曉，您就別再教我這些法門了吧！」巴楚：「當你遇上逆境時，就會明白自己的慈悲有多少！」

　　有天，那名弟子在寺塔旁靜坐，只見他盤著腿、以衣袍罩著頭，還不停地眨眼，因而看不清眼前的景象。平日習於採低姿態、穿著古怪的巴楚，也來到這裡繞塔。他繞經比丘時：「師傅，您在這兒做什麼？」那個不停眨眼的弟子未能認出師父，答道：「我在觀修慈悲。」「那很好！」當他再度繞經弟子身邊時：「師傅，您在這兒做什麼啊？」「我在觀修慈悲。」「那很好啊！」繞第三圈時他又問：「尊貴的師傅啊，您在這兒做什麼？」這回，弟子真的火大了，便大聲回道：「你為什麼

老是問同一個問題，你難道沒看見我正在觀修慈悲嗎？！」這時巴楚笑了起來：「原來你就是這樣觀修慈悲的啊！」當比丘睜開眼看到是上師時，頓覺羞赧：「看來我一點也不懂慈悲觀呢！」之後他便虛心受教、認真觀修，後來果然成為深具慈悲的修行人。

貪、瞋、癡是我們煩惱、痛苦的主要根源，種種微細煩惱的源頭。

現在，我要告訴你一個如何轉瞋心為慈悲心、菩提心的方法：

當你想到一個時常傷害你的人而生起強烈的瞋心時，你既不需要去壓抑它，也不可隨著轉，只需覺察到心中生起的瞋怒。然後這麼思惟：「換成是其他無數的人都懷有我這樣的瞋心，因而受苦，甚至造作更多受苦的因；此生不得喜樂，來世還得受苦果…」

接下來，你應如何思惟？「唯願一切眾生的瞋怒皆能消融於我的瞋怒中，使他們因而從瞋怒的痛苦中解脫出來。」由此利他之心，你原本的瞋怒也會因而得到平息。

你可以進而將此法運用在各種煩惱、痛苦上，比如：貪、癡、慢、嫉、病苦等。如此既可淨化負面情緒，又可累積功德，不是很好嗎？

當好事發生時，比如：禪修中生起喜樂經驗時，你也可以如是思惟：「願將此喜樂經驗轉予一切眾生。」這會消除你對喜樂的執著，因

而使喜樂的經驗變得穩固、持久。同時，也能幫助你清淨許多負面的習性，累積大量的功德。

如此一來，不論遭逢順境或逆境，你皆能處之泰然。當然，這必須經由一再的自我訓練才能達成。

最後，以一則真實故事來總結此一子題。

家父烏金祖古仁波切的朋友曾有這樣的經歷：有次，他從康區行腳要到拉薩去。途中，他看到一戶人家，便趨前表達借宿之意。屋主：「敝舍簡陋，難以供宿。但附近的山谷中，有一宜人之洞穴，您不妨去瞧瞧。」屋主便遣人護送他去。

他到了那裡一看，果然是個鳥語花香的清幽地，他便獨自留在洞中修持。

當他開始修法沒多久，便聽到一陣陣粗猛的怪聲向他逼近，一時之間地動山搖，還伴隨著此起彼落的怪笑聲。突然一團東西向他滾來，在他面前煞停的石球中，迸出一個手持空缽的三眼鬼。鬼：「你不是在修施身法嗎？現在你就可以把身體布施給我！」他就開始如法觀想，每當他觀想自己的身體擺在碗裡時，鬼就馬上把它吃掉。他只得重新再觀想，鬼又馬上把它吃掉。他就這樣觀想了二十幾遍，頭都昏了，實在觀不下去了。這時，鬼就伸出手來掐住他的脖子，越掐越緊，他的呼吸也

變得愈來愈困難，他心想：「我命休矣！」這時，他突然覺得這鬼實在太可憐——因業報而成鬼身，已夠可悲；現在又造著重罪，將來必然會到地獄裡受苦…。就在他心生悲憫的同時，鬼反而使不上勁，盡了全力也掐不死他。最後鬼的手都掐酸了：「奇怪？來這兒修施身法的行者，我大概都吃完了，為什麼就只有你殺不死？」行者說：「大概是因為長久已來我都在觀修悲心。」鬼：「觀修悲心能產生這麼大的力量？那我也要學慈悲觀！」他便教導鬼如何觀修慈悲。

不久，太陽升起，鬼不見了，石球也消失了，只有他獨自坐在洞穴中。

常言：悲心是最殊勝的護法。那名行者因為具足悲心，故能倖免於難。其實，一切負面的力量或魔擾皆是自心之投射。你若執著一切現象（萬法）之本質為實有，而對顯相生起瞋心，瞋心所生的負面力量就能真的危害你。你若懷有真正的慈悲，那麼一切魔害、邪術以及種種的負面力量便無法傷害你，今生乃至來世都會受到保護。

六、發菩提心

菩提心，此種覺醒之心與平和之心有些關連。現今，許多人都在談論、追求平和。他們往往以為平和與否取決於環境，故而向外馳求。其實，真正的平和唯有向內尋求，才能覓得——了悟自心本性便能體證本

具之平和。

　　然而心性超乎言詮，因此我們能談的只有它展現的某些面向，例如：慈悲心。

　　每個人都懷有某種程度的慈悲心。假若人人都能令其慈悲的潛能——平和之心的動態面盡量展現出來，這個世界就能變得愈來愈和平，當中的每個人自然能心懷喜樂、滿足，更能感受到善順、福祉。若反之，則世界只會愈加動盪，每個人的生活也會愈加紛亂。

　　接下來，我想以一種較特殊的方式來談「發菩提心」——如何喚醒我們的平常心，以開顯那遍時俱存的智慧和覺性。

　　先前談菩提心，是著重在動機、意向：「我要引領一切眾生成就佛道。」以此作為自己追求覺悟的驅動力。但這似乎意味著：佛果是在那又高又遠的彼方，我與眾生則處於低低在下的此方；而我誓願引領眾生向上臻達那崇高的佛位。此乃初階之觀修法。

　　我們若進而探究：「我要引領眾生臻至的佛果又在哪兒呢？」

　　其實，它不是高高在上的什麼，而是我們的自心本性。我們雖然無法定義它，卻可以體證它。一旦你徹底證悟了心性，便是證悟「佛果」。那時，即使身處地獄，於你也是淨土。你已超脫所有的迷惑，故而解脫了一切痛苦，超越了一切希求。

佛是怎麼成佛的？既不是上天所賜，也不是得到我們本具之外的境界，亦非經由努力求得，更不是神靈進入而轉化⋯，而是證悟了心性的本來面目。

依此而言，又如何發起菩提心？

當我們體認到一切眾生皆具相同之本性——本然清淨，超越主、客二元對待，離於一切迷惑和痛苦。眾生卻未能了悟心性而承受著無謂的痛苦，這是多麼值得悲憫啊！當你從這樣的體認生起悲心，你發起的決志便會是：「我要引領一切眾生證悟自心本性！」菩提心旨在發大心，能不能帶引是另一回事。

生起那樣的願心是謂「願菩提心」；進而勵力修行以達之，名為「行菩提心」。

在所有的發心行持中，這是最殊勝的行持。它融合了相對、究竟菩提心，以完全自然而直截的方式，闡明了菩提心的真義。

最後，以一則有趣的故事來總結此一子題。

有個人養了一隻狗，彼此不怎麼投緣。那隻狗成天惹麻煩，還不時對他又叫又追，他便時常修理牠。

好幾次，當他修法誦到發菩提心文「願一切眾生皆得離苦及苦因」時，他也能真正生起善念，虔誠地祈願著⋯。突然思緒一轉：「『一切眾生』，那隻刁狗也是眾生之一哩！」想到自己是怎樣修理牠，便心下

歉然：「牠也是眾生，以後我應該對牠慈悲一點！」有次，就在他虔誠的最高點，那隻狗突然趴在窗口上狂吠了幾聲，嚇得他眼鏡、法本散落一地。他不禁火冒三丈，便又打又罵地追著狗兒跑。

好一段期間，人、狗相處不睦，彼此憎恨對方。他依然每日修法，每誦到「願一切眾生皆得離苦及苦因」時，他就想到那隻狗，心中便生起複雜的情緒。漸漸地，在不自覺中，他唸成了「願『某些』眾生皆得離苦及苦因」，似乎潛意識已為他的矛盾情結找到出路。

狗兒彷彿通曉經文，之後更是變本加厲，專挑他修法時來騷擾他，不時闖入他的禪堂四處亂跑。

某天，他已忍無可忍，便想給牠一點教訓以遏止其惡行。他在微開的禪堂門上擺了一桶水，然後開始修法。其間，他不時側耳，想知道狗兒何時闖入，但始終沒什麼動靜。當他唸到「願『某些』眾生…」時，他甚至忍不住回頭看看，狗兒仍然杳無蹤影。最後他在極不專心中修完了法，便隨手將門一拽，……。洵然，因果律法，絲毫不爽！

不久之後，他和狗兒達成和解，最後終於成了好朋友。

七、生起次第觀想通則

我在世界各地教學時，許多人告訴我：「『觀想』的修法給他們很大的挫敗感。好不容易將本尊的眼、鼻觀起來，觀嘴時，眼、鼻已走位，各奔東西。顏色也是一樣不聽使喚，想觀什麼色就觀不出什麼色，

或觀好不久又自行變色！」

　　長久以來，「觀想」一詞在許多人的認知裡，已帶有嚴肅修持的色彩；往往被理解為「要努力集中注意力」、「須刻意觀清楚」。心反而因此過於緊繃，障礙了觀想的修持。因此，現在我常用「想像」取代「觀想」。

　　在修持生起次第的本尊法時，有幾個要點：

1.　具足信心

　　想像本尊、聖眾顯現在你面前或上方時，內心確信他們確實在那兒，生起虔敬之心。自觀本尊時，確信自己就是他，具足同等功德。（因為我們和諸佛、菩薩、本尊一樣皆具佛性，而我將證悟之，故我得如是之確信。）

　　密勒日巴道歌：「凡夫實質身、口、意，轉成本來金剛體」。這也正是我們觀修生起次第的目的。

2.　空而顯現

　　修本尊法時，切忌將本尊執為實有、實體。要知道本尊的本質是空性，其顯相一如彩虹或投影。所謂如彩虹、投影，是說它不具實體，不

是說它模糊不清。其顯相仍是非常清楚,而且能從空性顯諸功德,因此它也能是強而有力的。

密勒日巴道歌:「我觀生起本尊時,此身顯空似虹彩,此身已無形質故,一切貪愛盡寂滅。」

無始以來,我們執著一切現象為實有的習氣已根深蒂固;因此在修法時,往往忘了此一要點。如此一來,修法反而是在強化我們的妄執。

例如:有一次,有位男士前來發露懺悔:「我的業實在太重了,我竟然對本尊做出這樣的事來!」我便問:「發生了什麼事?」他:「當我在修金剛薩埵法期間,我總是記得將金剛薩埵觀想在我頭頂的上方。但有次我急著如廁,匆忙間就忘了頭頂上方坐著他。因此當我衝到門邊時,就把他摔到門上,猛一開門時,又把他摔到後方。仁波切,我該如何懺悔這樣的罪業啊?」此類問題,屢見不鮮。

我大約在八歲時,有一回家父教我修本尊觀。父親習於在次堂授課時,先驗收前堂的功課,便問我修得怎樣,我自信滿滿地答道:「我觀得非常清楚,巨細靡遺!」父:「很好,今天的功課則是──觀想倒立著的本尊。」次日他問我時,我哭喪著臉說:「怎麼一點也觀不起來了呢?」父笑說:「那是因為你執著本尊的像狀就是那個樣。其實他或立、或坐、或四處走走,皆無妨啊!」

3. 放鬆而觀

〈觀修引導〉

　　首先，你們在心中想像自家房子的樣子，安住其上一、二分鐘。

　　難不難？（眾答：不難）

　　現在，你開始觀想自家房子，必須觀得巨細靡遺、清清楚楚，而且不容許任何妄念生起。

　　如何？比前次容易還是難？（大多數人：較難，反而觀不太出來。）

　　一般而言，當我們的心愈放鬆，心本具的清明就愈能彰顯。在放鬆而清明的心境中，所觀的像也愈容易顯現，這便是觀想本尊的要訣。當你想著你的家人、冰箱、美食⋯時，心情是自然、放鬆的，因此心中的顯像栩栩如生。當你觀修本尊時，因為太在意，心懷希、懼（希望觀得清楚，擔心觀不起來⋯），因此變得很難。

　　初修時，可能怎樣也觀不太起來。沒關係，重要的是，心中確信：「他們就在那兒。」一個人若觀想修得很好，卻不具備信心、虔敬，那是一點用也沒有的。

其實，觀修本尊含攝了止、觀。當你安住於本尊之清淨相，心處於覺知、不散亂的狀態，此即修止。當你觀修本尊時，了知其為空性、非實有，即是修觀。

皈依大禮拜之觀修

由於初修者不容易在現實生活中把握法要，因此，需要在獨立於日常生活之外的時間來做修持，四加行便是這樣的基礎修持。奠定基礎後，便能將法要融合於日常生活中。

皈依大禮拜是四加行中的第一個加行。行持時除了做大禮拜、誦祈請文之外，觀修部份則可以四種重要法要交替修持——觀想皈依境、觀修菩提心、修止（如：無造作地安住）、觀修空性。此四者可以等比例交替而修，或依個人相應之差別而分配比例。

八、上師相應法

首先，介紹日常可行的最簡易觀修法：

最重要的是確信十方諸佛菩薩本尊就在那兒，因為他們是遍知、遍在的，上師之自性與之無別。你可擇其中任一尊之形象為觀想代表，然後祈願：我與一切眾生皆得超脫迷惑、煩惱，證悟心性，永離輪迴。領

受加持後，觀想其化光，消融於自身，即於二心合一中安住。

　　其次，我想就個人所見、所聞的一些現象，來談如何在現實之中把握上師相應法。

　　上師相應法的要素是弟子對上師的信心和虔敬。

　　以密乘而言，要想達到即身成就，最重要的就是依止正法傳承、具德上師。我們是在正依止的前提下，來說對上師的信心和虔敬，並不是盲目的迷信、依從。

　　當你經過長期的觀察、了解，確定了自己追隨的傳承、上師，傳承上師也納受你為弟子時，彼此之間就存在著一種承諾：弟子但為覺悟而將慧命託付上師，上師依其菩提心、大悲心之自然回應，也只為成就弟子而納受、引領。此即密乘中極為重視的三昧耶。

　　因此，師徒關係是建立在成就覺悟的前提下、立於覺法的基礎上，非世間任何的人際關係可比。在密乘中，更將上師觀想為一切諸佛菩薩的總集與化身。但在現實上，由於我們的不淨，本是諸佛化現的上師，便示現了不淨之相，好讓我們能親近、學修。也由於自心染污，我們以凡夫肉眼所見的上師便是血肉之軀，也有過失，也是凡夫。因此要對上師立即生起堅定不移的信心，確實不易。

　　話說有一位德高望眾的上師，在課堂上為弟子講授上師相應法，他

說：「在金剛乘中我們視上師如佛。」只見他用力清了清喉嚨、吐了口濃痰之後繼續說道：「我們對上師生起如佛的虔敬，便能得到如佛的加持，得以迅速——成就。」話還未說完，他便又吐了口濃痰。下課後，學子們都皺著眉頭，彼此議論：「怎麼辦？要我把又是禿頭、又不時吐痰的上師觀想成佛，實在是強人所難啊！」

就如那三缸映月的譬喻：光明皎潔的月亮，在清澈潔淨的水缸中，所映現的是皎潔的月影；在晃動污濁的水缸中，所映現的是晃動不定的月影；在裝著泥巴水的水缸中，則只能見到一點點的月影。

當我們不斷觀照、淨化自心，便能如實見到上師的功德，建立起絕對的信心和虔敬——這也正是我們成就的依靠。

又如環鉤之喻：當我們能空卻自我、淨化自心時，便能轉樸石為玉環。這時上師的悲智之鉤就能緊緊扣住我們的信心之環，傳承的加持力便得挹注而下。金剛乘便是以自力加他力以入達成就的殊勝之道。傳承、上師固然具有不可思議的加持力，但前提是我們必須對自己負責，做好自力的部份。

<觀照引導>

現在，讓我們就師徒之間的關係，觀照哪些是阻礙缸水如實映照明月的污泥；又應如何把握，方能保有純淨的缸水。

就如同你們所說：師徒關係是超乎世俗的人際關係，也因此無例可循。我們往往在不自覺中，將世俗關係中留下的種種印痕、心理習氣，投射到師徒關係上，因而扭曲了我們對上師的感知。在原本應以法為連結的關係上，形成重重阻障。比如：將親子關係中的挫折或養成的習氣，移轉到上師身上，尋求補償、滿足。

或是弟子以自我心、煩惱心親近上師，將自心的染污投射到上師身上。比如：自己嫉妒心盛，便常覺得上師有私心，對弟子差別對待。未能了解上師是因材施教，應機施為。

其實，清淨無我的上師但依悲智而任運，如響斯應。他不存私心、偏好，一切只為眾生的成就而回應。因此，他能給的是你在道業上真正需要的，無法給你你想要的。當我們因迷惑而無法分辨「需要」和「想要」時，便無法如實相應上師的引導和用心。不能自見問題之癥結，便認為是上師的過失。

我有位弟子因無常心切，所以常常要我承諾：在她死時，能助她成就覺證或往生淨土。其實，上師是別無選擇的！他不能因為這個弟子很貼心就幫他，那個弟子不乖巧就不幫他。上師的悲智就如平等、普施的雨露，至於受不受得到或能受到多少滋潤，仍因草而異——仍取決在弟子個人。

在藏傳中，上師不會講說自己的功德，甚而往往自顯平凡。例如：偉大的上師大司徒仁波切，有次他在演講中說到他自己：「我甚至還未了悟心性，但我有個好處就是不記得事，遑論過去世。或許在一百萬年後，我在覺證上會有一些長進，但我也擔心那時我就會記得過去好一些事了。不過沒關係，到時候要煮怎樣的湯，自然會有那樣的碗來裝！」「初地菩薩能同時、完美地化現一百個化身。我若有修證，在我巡迴各地教學時，怎麼還得拖著行李通關、走過長長的甬道去搭飛機——我可一點也不喜歡這樣的旅行呢！」

非僅如此，上師為了成就弟子，往往會應機示現種種相、種種行。或為考驗其信心，或為摧裂其自我，或為淨除其業障，或為製造喝斷妄念、頓見心性之機緣…。比如：馬爾巴大師示現成在家人，他很貪婪，有九位明妃，而且當他的大弟子俄巴喇嘛帶著全部的家當去供養、求法時，他還叫俄巴回家去把那隻因跛腳而未帶去的羊扛來給他。他脾氣奇壞，惡整以身、語、意供養上師的密勒日巴。

其實，這些行為皆是無我悲智之任運，一切但為成就弟子而示現。在他示寂時，九位明妃一一消融於他的心輪，他的元配達媚瑪其實就是他自身的化現！

在傳統上，我們會說：在擇定上師之前，你要好好觀察他。一旦確定之後，就不該再去看上師的過失。但對現代學生，我們會說：對上師

時而生起質疑是難免的，但要能把握師徒是一種法的關係。當我們能返照自己心念的根源，澄清心之「缸水」時，便容易體認上師種種示現之真義。

當上師施法乳時，你若拿個倒覆的缽來，自然了無所獲；想想怎樣的執染會是覆缽？

你若拿個有漏洞的缽來，也難保有法乳；想想怎樣的執染會是漏缽？

你若拿個內有穢汁毒液的缽來，即使自以為裝得滿滿的，卻已變質。再想想怎樣的執染會是毒缽？

又要怎樣才能擁有清淨無漏的空缽，而能與師心純淨相應而得如實法益？

——這是留給你們的功課（下次見面時再驗收！）

無可諱言世間確實有一些假的上師，但在正法傳承下仍有許多具德上師正在弘法。如果我們能準備好自己——淨業、集資、建立正見和正行，我們必然能值遇相應的上師，覓得學修的道路。

以密乘之道而言，真正的行者是在自己傳承主要上師的指導下，一步一步地實修而上。

如果經過多年的參學，最後卻流離失所，甚至感受到的皆屬負面，信心、虔誠與日俱減。這時，可能需要迴心自觀，看看自己的動機、心

態是否允正,或許能找到一條出路。我們要把握的是:傳承要正、上師要具德、教法要真實,自己確實契應、信受,那麼就只需一心投注、如法實修,必能終底於成。以這樣的心態,即使處於種種人事是非、人為的不理想中,皆不成妨礙。

另一個你們總結出的盲點:許多人執著和上師色身上的接近,忽略了師與徒本是建立在法上的關係。

有位大師說過:「那些待在我身邊的人,反而不容易成就。」

或因弟子以凡夫心親近現凡夫相的上師,在不知不覺中就視上師為凡夫了。或因自恃親近,心生依賴而疏於自修。就如:阿難自恃為佛陀的堂弟、侍者,連佛陀入滅時,他都還未證得羅漢。最後,當佛陀之眾弟子為了結集經典而會集於王舍城時,他雖是多聞第一的佛弟子,卻因尚未證悟,故不符合登座誦法之資格。他因而發憤修持,於當夜證悟,而得於首次結集盛會登獅子座,誦出佛陀之教法。

在西藏有一位商人,他和許多仁波切都很親近,特別是和一位證悟很高的大師頗有交情。那位尊貴的仁波切在大眾中總會特別賜坐給他,也常為他說法。他心想:「我和那麼多仁波切交情深厚,看來我這一生不必怎麼修就一定能悟道。」就這樣一年一年過去,他的法友們都或多或少有所了悟,只有他什麼也沒有。有天,他痛定思痛,決心好好找出

問題的癥結。就這樣日思夜想了一整天，他終於了解到是驕慢障礙了他。次日，他又去見那位尊貴的仁波切。這次，仁波切自己坐得高高在上，既沒賜坐給他，也不再溫言有加。他反而很歡喜，知道自己已不是貴客而是真正的弟子了。他繼續依止上師聞法、實修，後來果然得到了證悟。

佛陀到忉利天為母說法將歸返人間時，眾弟子都想去迎接佛陀歸來。其中，佛陀弟子中「解空第一」的須菩提也想去迎佛，但他心念一轉：「佛陀說：『若以色身見我、以音聲求我，是人行邪道，不得見如來。』我應該要在法上契應，才是真正的見佛、迎佛啊！」於是他便入於甚深空性禪定。

卻說女弟子中神通第一的蓮華色比丘尼，她化現為轉輪聖王身前往迎佛，之後又恢復本形禮佛：「佛陀啊！我可是第一個來迎接您的弟子喲！」佛陀慈藹地答道：「華色尼啊！須菩提才是第一位來迎接我的弟子哩！」

師徒之間，唯以法道而相親！

九、空性

空性者，無有一法具實有性，故而一切法皆得顯現。

一般人認為我們所經驗的整個宇宙，是由許多基本要素構成，如：物質粒子、時間、重力、速度等。然而，若加以檢驗，會發現它們並非實存。

　　比如：時間並非真的存在，這也正是現代許多西方科學家所得到的研究結論。先前我們也說過，雖然我們對於時間可以權宜地說：有過去、現在、未來。但時間若是實有的，便無法被切割。然而，「現在」是無法以不變異、不可切割的實有體而成立的。既然「現在」非實存，「過去」、「未來」亦然。

　　以空性而言，無有一法具有獨立、固有之實存性。以物質粒子而言，任何事物若具多面向，就證明它不是單一實存體。

　　比如：你們可以同時看到我整張臉嗎？（是）當你看著我的雙眼時，可看到我的下巴？（是） 真的嗎？（眾大笑）其實，那不是在瞬間同時看到的。所謂的臉，必須包含眼、耳、鼻、嘴…等所有的成份，方能定義為臉。一切法皆有其可被定義為該法的特性，如：火的條件屬性是熱與燃燒。我的鼻子不是臉，它沒有眼、耳、…，不符合構成臉的條件。若說構成臉的成份即是臉，那麼我就有好多張臉。你認為你看到了我的鼻子，其實也只是看到某部份的表面。

　　當你真正去分析它時，就會了解到你並非真的看到我的臉、鼻。但若以日常那種漫不經心、不加分析地方式來看一切事物時，一切事物的確顯現在那兒，為我們所感知。

所謂的我、我的心亦然。當我們真正去找「我」時，我們找不到一個實有體可以讓我們手指一按：「就是它！」我們無法看到實有的一張臉、一張桌子，甚至無法找到這樣的極微粒子。可以說構成物質的最微細粒子也非實存的。那麼，當我們走在由粒子組成的地球上散步時，會不會走著走就從縫隙間掉下去？

有一回，我在教授空性時，座中有一位西方學生感到萬分驚駭，只見他出了教室後，走路的模樣很怪，每一步都像踩在蛋殼上那樣小心翼翼，好像深怕踩空了會掉下去似的。第二天他來問我：「上師您說一切皆空，那麼我們會不會走著走就墜入萬丈深淵？」我便反問他：「那掉下去的又是誰？」「喔，我明白了！」

後來，他對空性建立起十分正確而堅定的信解。

空性，並非空無所有、全然虛無。

空性一詞在藏文為 Tongba-nyid，梵文為 Sunyata。

Tongba（Sunya）：一切法皆空無實有性

Nyid（ta）：能顯現、能為感知，但非實有。

Tongbanyid（Sunyata）：此二面兼融合一，是覺、空不二的，是顯、空不二的。

一切法皆不具單一、獨存、固有之實性，也因此才能有萬法之顯現，如：正、負，高、低，因、果…之顯相。若具真實、不變之實性，萬事萬物之間就不可能存有相對關係，我們所知的這個世界也無法存在。因為因和果是相互依存、相對定義的，它們只存在於彼此的關係中，無法獨立自存。比如：在座有兒女的父母們，有人會叫你爸爸或媽媽。請問：你究竟是父母還是兒女？當你想到你的孩子，你便認為自己是父母；當你想到你的父母，你便認為自己是兒女。這是因為親、子本是相對的存在，是依存於彼此的關係而為定義的。若說你的自性就是父母（兒女），這種相對關係就無法成立。

　　可以說，萬法顯相間存在著相互關係，即是萬法為空性之明證。

　　你或許會問我：「您說萬法非實有，但我若在桌子上重捶一下，手還是會痛，這又怎麼說？」

　　（這時仁波切端起茶水一飲而盡）「嗯，還真好喝！」（他將空杯一亮）「瞧，現在它是真的空了！」（大笑）。「我能從杯中喝到水，還能覺得它好喝，這又是怎麼一回事？」

　　此乃心之覺知面的展現。然而，心習於認定它所感知的一切皆具實有性，因而對自心和萬法生起二元分別見，此即常人普遍、持續存在的迷惑。

佛陀說：就某種意義來說，森羅萬象皆顯於自心。

夢喻是闡明此理的好方法，因為我們都知道夢是什麼樣的經驗。比如：你夢到自己擁有一棟華屋，正在享用時，突然地動天搖，華屋頓成廢墟。夢中的你因受此巨大損失而痛苦不堪。

在夢中，一切順、逆境界都那麼真實。但我若問你：「夢中的華屋可是真實的？」你會說：「當然不是，那只是一場夢！」我若再問你：「你能否說：我們在清醒狀態下所感知的房子就比夢中感知到的房子還來得真實，嗯？」

其實，那是因為我們有這樣的思惟模式：認定清醒狀態中的經驗比夢境來得真實——這是二者之間唯一的差別！我們又憑什麼這麼認定？其實是憑共識——當它是我們大多數人都有的共同經驗時，我們就說它是真的；當它只是某些人才有的特殊經驗時，我們就說它不是真的。夢境都是個人的獨特經驗，不像清醒時的經驗可以共有，可以彼此印證、認同。這便是我們說真、說假唯一的立論基礎！

我們很容易知道夢屋不具實存性，它完全離於起源、存續時間、存在空間和息止等特質。重點是：這些陳述其實同樣適用於我們現在正經驗著的一切。

你或許會問：「在這類比中，若說夢是在比擬我們所處的無明狀態；那麼，夢中的境象又比擬著什麼？」

「我們依於無明迷惑而生起的感知！」一旦無明除滅時，一切由迷

惑而生的感知也將隨之消逝。我們應將夢喻的理諦延伸到一切現實中的經驗——我們所感知的一切皆不具真實性。因為，執著實有正是所有痛苦的根源。

師：「當你做著很可怕的惡夢，什麼會是擺脫那夢中惡境的最好方
　　法？」

生：「能明白自己正在做夢」

師：「你們全都同意？」「很好，通通過關！」

生：「夢又是如何以它所顯現的境界而為顯現？」

師：「基本上，這關係到心性本具的清明、覺知面（第二階再詳）。」

生：「昨晚我做了一個很駭人的夢。夢到一半時，發現自己受困其中，
　　因而決定擺脫它。這又是怎麼回事？」

師：「你是認出了自己正在做夢，還是你在夢中能找到脫困的方法？」

生：「後者。」

師：「那就和夢到一群武裝份子或野獸衝進屋內，而你從後門逃了出
　　去，是一樣的。其實，你毋需逃離。」

生：「如何辦到？」

師：「如果你能認出自己正在做夢，你就能直接迎向那恐懼的來源，它
　　便無法傷害你，因為你知道它是虛幻的。比如：當惡魔朝你走來
　　時，你就直接跳進牠的嘴裡。」

總而言之，一旦你能認出夢，你就握有夢中經驗的操控權！比如：夢遊症患者若能在睡中認出自己離開了床，就可以即時回到床上去。下一步則是在睡中能明了自己沒有必要起床。

先前已介紹過認出夢的練習法，這種在將入睡時生起的決志，可依個人情況做調整。比如：你若是很少做夢，便可如是祈願：「願我能做許多夢，而且認出每一個夢。」你若是一認出夢就會立即醒來的人，就可：「願我不但能認出自己在做夢，而且不會跟著醒過來。」

基本上，這種練習法是利用心在將入睡時所具有的特殊能力。比如：你必須在次日清晨四點起床以趕搭早班飛機，不論你多晚睡，只要那是你心中最強的意念，你就很可能準時醒來。

在一生中若能認出夢七次，就很有機會在中陰時認出自己正處於中陰——這比要在活著時的清醒狀態入達證悟還直捷得多。在中陰時，首先是認出，其次是穩固，然後立即證悟覺性——它可以這麼直捷。人在活著時需要耗數年努力才能成辦的事，在中陰階段可能只需幾秒鐘。

以上，是以夢境為類比，來澄明空性相關之法理。

由於我們的感知為根本迷惑所扭曲，因此我們現在所經驗到的一

切，皆是幻妄狀態，我們也因而經歷生、老、病、死等種種過程。由於我們的心深陷於難以擺脫的束縛中——迷惑和妄執，因而障蔽了智慧、明覺、慈悲、大力等本具之功德。

無論如何，你們終將了悟空性，但要知道它不會在一夜之間發生。

我們都還在轉化自己無始以來根深蒂固的習氣，不能因為自己突然對空性有了些許領會，就不切實際地期望這些業習能立即消溶。在此我得提出警告：空性的了悟是逐步開展的過程。在你尚未入達甚深了悟之前，不要異想天開地身涉險境。只要你心所感知的一切仍具真實性，你的心就仍然在迷惑中。

雖然依究竟而言，業和因果、六道眾生皆是迷惑的產物、幻心之顯相。但只要你將手伸進火中，還會被燒著，你就必須在乎業和因果。因為對於尚具迷惑之心的你，善行就會帶來善果，惡行就會產生惡果。

當你已完全證悟空性，你便超越了根源於迷惑而有的一切感知，超越因果和無常、生老病死、六道輪迴，你就可以為所欲為。這時，你所欲為的會是什麼呢？伴隨空性證悟油然而生的，會是對一切眾生無有限量、無有條件的大悲心。你所有的作為都是為了利益眾生；並不是你一證悟空性，就可以到外頭殺人放火。

但證悟不是一蹴可幾，它是漸次入達的。你今生若未能臻達，來生

259

還可以繼續修持，就如同先前捲紙的譬喻：

（捲啊捲）這便是我們無始以來持續進行的造作模式；

（捲得一圈緊似一圈）我們認定一切法為實有，迷惑的感知一再受到強化，種種煩惱隨之而生。

有天，我們開始觀修空性（將這紙卷拉開一些）。

但一忘失空性，業習就又冒了出來（手一鬆，紙又捲了回來）。

但只要我們不斷觀修，執著實有的業習就會逐漸失去力量（一再拉開的紙，終究失去了回捲的力量）。

最重要的是，要跨出從捲緊反轉為拉展的第一步，並且持續朝那個方向修下去。

最後，我以一則真實故事來總結此一子題。

青海有個地方叫囊謙，那兒有座山，家父烏金祖古仁波切的一位學生就在那兒閉關。有天，他託人捎了封信給家父：「師尊，請移駕敝舍，您的蒞臨至為緊要！」父親心想：「那兒大概有什麼特別的事發生，我最好去看個究竟。」次日一大早，他便長途跋涉來到那行者的關房。他恭請家父入內之後：「師尊，容我向您稟報：昨晚發生了一件不可思議的事。」父：「說說看。」「昨晚我徹證了空性！我確知我若往懸崖一跳，必定能立即飛起來。但在跳之前，我想先得到您老的認可。」父：「那只是禪修的體驗，還不是了悟。你要隨它去，不要心生執著。」「我確知我一定會飛！」「不，不可以跳，你只會直線墜落、摔

斷骨頭！」他還是去端了些食物來供養上師，在請上師為他祈禱之後，便轉身離去。家父便開始用餐，卻聽到「碰」的一聲巨響，緊接其後的是悽厲的哀嚎：「師尊啊！我的腿斷了！」家父便趕緊去看個究竟，只見他抱著腿在那兒呻吟。「現在，你的空性見地到哪兒去了呀？」「就別提什麼空性了吧，我的腿好痛啊！」原來，他真的爬到屋頂上，往下一跳⋯。所幸，家父也略知藏醫，就幫他接好骨、療好了傷。

十、迴向

先前，對此極為重要之法要，我已詳細說明。於此，僅略做提要。

以現階段而言，我們最好能以「隨願的迴向」來行持。

隨願的迴向——首先想像諸佛、菩薩在我面前，他們從無始以來就發願為眾生的究竟利益而修行，並將一切功德迴向給所有眾生。我也要隨其願、像他們那樣迴向，將我所做的一切善法、修持功德迴向給一切眾生。然後觀想諸佛菩薩印可：「汝願成就！」

最後，思惟：迴向者、所迴向之對象、迴向之行為皆是空性，而將心如是安住於無所執中——此乃最殊勝之迴向。

一般而言，有三種煩惱能減損我們所做的功德：瞋心、悔心、我慢心。此外，功德也會因果報成熟而消耗，如：生天享樂，報盡則墮。若先行迴向，則如上了封條一般，功德便不會因煩惱生起而減損。也如同

存入績優銀行一般，直到你成佛之前，功德都會不斷地增長。

心之滯、動、覺知——止入於觀

最後，讓我們再次回到修止。在法要總複習的完結篇裡，我將分享一個特別的要點——如何從心所生之妄念、煩惱中超脫出來，並依此修持而能進趨自然心（心性）。

此一要點關係到修止時，常人之心可能有的二種狀態和一種面向——滯態、動態和覺知。不論心是處於停滯、木愣、失念等滯態，或心生妄念、感受、情緒等動態，當心的覺知面能展現時，即能將之轉成智慧。

茲以二則例喻來闡明「覺知」之要：

在西藏有許多看管羊群的牧羊人，其優、劣不一。

優秀的牧羊人上工時，他會帶著餐盒到山坡的高處坐著，居高臨下地看著羊群的動向。其間，他鬆坦地坐著吃午餐，還不時唱山歌；同時留心羊群的一舉一動。他並不擔心羊兒會走得太遠，或希望牠們好好地待在附近。他的心是既鬆坦又警覺，了無希、懼之念。羊兒們也能十分自在地遊走、吃草，因而愈長愈碩壯。

劣等牧羊人在放牧時，會和羊群走在一起。他心中老想把羊群兜攏在一起，因此當某些羊走離了他的視線，就會擔心牠們走丟，急忙將牠

們趕回來。這時卻發現另一些羊也走遠了，便又上前追趕。如是來回疲於奔命，最後把自己弄的精疲力竭，羊兒也被他東趕西趕地吃不了多少草。他雖賣力在做，羊兒卻長得不好。

又如：在餐館裡，我們可以看到那些上等的服務員，他們在服務客人時，總是讓自己保持輕鬆自在。不論怎樣的客人來，他們都能應對得體，使客人覺得賓至如歸。整個餐館的情況也都在他們眼裡——能清楚知道哪一桌快吃完飯，什麼時候該送茶水或上菜…。這是因為他們的心能保有覺知、不散亂。

當客人來時，差一點的服務員就可能看著人家，心想：「這個人穿得漂亮，那個人比較醜，那個人比較有錢…，」心就散亂掉了。再講到缺乏覺知的服務員，他們總是看著人家而生起執著、計較之念：「這些人今天穿得這麼漂亮，他們說了什麼話？他們怎麼看我呢？是否覺得我的動作優雅呢…？」心裡妄念紛飛，可能自慚形穢，或生起各種情緒…。最後的結果是該端的盤子沒端，不該放的錯放，或總是打破杯盤、撞倒人，甚至和人產生摩擦。

當我們修止時，就要像優秀的牧羊人、上等的服務員那樣——於鬆坦中保有自然的明覺。

覺知是什麼呢？它就像平常完全放鬆、無造作時的心念。我們的心平常就是這樣，只是被妄念分別障蔽住了。

以上是以例喻說明：不論心是處於滯態或動態中，只要能發揮覺知之能，即是修止。

　　有許多人向我訴說他們無法禪修的理由：「每當靜坐時，心就四處奔竄，根本無法集中。」、「禪修時，忿怒、驕慢等種種情緒反而變得更加明顯。」、「我成天擔心這、擔心那，怎麼靜得下來？」…。

　　其實，不論心中生起怎樣的妄念、煩惱——心之動態，只要我們不壓抑、不隨轉，只是讓心放鬆地覺知著生起的心念，這樣一來，心的擾動便能成為禪修的助伴。

　　就如同心可透過五根緣五塵來修止，起心動念也可以成為修止的依緣。如此一來，若有十萬個妄念生起，心就有十萬個依托，不是很棒嗎？

　　總之，只要能把握「覺知」，就沒有什麼不能成為禪修的助緣。因此，沒有理由害怕心生動盪，也沒有理由自絕於禪修。

研討 & 引導

Q： 我從來不敢奢望自己能禪修，但聽了這堂課之後，我決定要好好練習禪修。

A： 只要你能把握住課中提示的要領並且持續練習，自然會進步。

Q：長久以來，我一直以為靜坐是要將心放空，因此潛意識中認為念頭
　　是應該完全被排除的東西。起初聽到無造作的安住時，以為就
　　是放空，慢慢聽下去，發現自己完全走錯了方向。

A：將心放空與修止、求覺是完全背道而馳的。
　　至於無造作的安住，它是很接近心之本質的一種鬆坦、清明。安住
　　時，我們並不去壓抑念頭或跟著念頭轉。只要能保有覺知、不散
　　亂，有沒有念頭都無妨。
　　至於放空本身就是一種造作行為，而且是一種假裝的、帶有很強壓
　　抑的造作行為。以金剛乘而言，心性就如太陽，念頭就如陽光——
　　它本是心性的功德展現，不是我們修行的敵人。修止時，我們不須
　　遣除什麼，只需認取心之明覺即可，如此一來，念頭自然自生自解
　　脫、自轉化。就像這堂課，我們還以念頭作為修止的依托呢！

Q：在觀照心念時，我不像是在「看」它們而像是在「聽」它們。

A：你是指心念以聲音的形態顯現？（是的）
　　聲音也是一種動態，不是嗎？不論心是以何種形態起動，我們只需
　　以它作為心安住、覺知的標的即可。

Q：平日靜坐時，我總是完全為意念所吞沒，毫無自主意志可言。這是

我生平頭一次能旁觀自己意念的生滅，但這時，它們就不再像是我的意念了。

A：　看來你的覺知力已有相當的進展。當我們的覺知穩定時，心就不會隨念頭轉。這時，不論有多少念頭生起皆於你無傷。它們只是來，而你只是覺知著而已。

Q：　此座中，我所關切的變成是：到底是誰在想？這些念頭又是從哪兒來、到哪兒去？

A：　你能生起這樣的疑情是很好的。到目前為止，我們還在修止的範疇內，都還在看著念頭。現在，你可以看著「看者」，也就是看著自己的心，然後觀察念頭從何而來。有天你將會大為驚訝，在那當下，覺知消融於心的滯態與動態中，滯、動無別，觀者、所觀亦無別，存在的只有心的覺知面。這意味著你已見到自心本性。這時你已不需要禪修，但仍須不散亂，保持在無修、無散的狀態中。通常這只會維持幾秒而已。這已涉及觀的範疇，聽聽即可，不要老是期待它的到來。

今天我已分享滯、動、覺知之禪修心要，依之修持，漸漸地你們將能見到自心本性。

今天聽了課，你們已有些許了解，平日若能把握聞法的機會，一聽再聽，就能有更深的了解。

Q： 當我們有工作要做、有問題得解決時，就必須去瞭解相關資訊、思考問題。這時心中的動態並不同於漫無目的的聒噪。我們又如何將修止運用於此種情境？

A： 你可以安住在無散亂的心境中，以你正在思考的問題作為修止的依緣。就如同優秀的牧羊人一樣，在日常生活中，你都可以你正在進行的事作為心覺知的標的。

<禪修引導>

　　師問：在日常活動中，心隨境而轉、以境為修止標的，此二者之差別在哪？

　　在於覺知的維持！

　　比如：當你去到牛棚餵牛，你若不記得自己——路怎麼走來的，那就表示你的心是散亂的。若能清清楚楚，則表示你能保有覺知。

　　現在，先讓心無造作地安住著（無所緣之修止）

> 　　然後觀照起心動念——刻意製造意念，符合多、快、清楚三要件。重要的是每一念都在心的觀照中，無一遺漏；若不能保持覺知，只是隨妄念走，那就不是修止了。（刻意製造意念並非修止法，於此，只是為了讓各位體會觀照心念而做此引導。）
> 　　如何？

常見的幾種情形如下：

有些人觀照著意念的來去，一如超然地看著電影畫面，或如睿智老人旁觀幼兒嬉戲。既不壓抑，也不隨轉；清清楚楚但無有執著。

尤其是對負面的意念、感受，我們主要是覺知在主體的感受上，而非客體上，但也毋需遣除客體。比如：忿怒，你主要的覺知是在自己煩惱的感受上，而非你所瞋怒的敵人身上；但也毋須遣除、避開他。

對於妄念，非但毋需遣除，反而可以藉它來認知心的清明面。

當我們認為念頭不好，應予遣除時，妄念反而愈多、愈清晰。當我們對它開放，以它為依托來觀照時，它卻不來了。這時我們只需當下安住，這便是一種無所緣的修止。

此外，大部份的人其實並未能真正清楚地看到念頭，只是存在這樣的意向：「我要觀照心念」，才生起的意念就消失掉了。再等下一個意

念生起，它還是未見清晰就不見了。在前一念滅、下一念未生之間存有一個間隔，它不會超過幾秒，那也是一種無所緣的禪修狀態。

在那間隔內，你若能覺知到無有主、客體（能、所）存在，那即是自心本性。那狀態其實是遍一切時俱存的，不論有、無意念生起，它一直與我們同在；不論心是滯、是動，只有明覺遍滿於心。你若能認出它來，你便識出了自心本性。很容易，不是嗎？這就是所謂的平常心、自然心。這時你雖無所修，卻自然具足一切，不論是生起次第、圓滿次第、解脫道，都含攝其中。

這時，你可能突然發現自己失去了禪修、無法禪修。你若心懷驕慢，就可能自以為達到證悟、可以為所欲為，因而失去慈悲、虔敬。

若能依滯、動、覺知此一法要來禪修，則不論心生煩惱、妄念、痛苦與否，都了無差別。即使心處於遲滯的無聊、煩悶、疲累狀態，若有覺知在，無聊待著也會是禪修。

基本上這是一種修止法，如何運用它來認出心性的指示則屬觀（毗婆舍那）之修持。

關於止法的課程進行至此，你會發現沒有什麼不能成為修止的依托，出入息、五根所緣之五塵、心起妄念煩惱或無聊待著…，只要能把握覺知、不散亂之關鍵，一切境界於你皆無礙、都OK。比如：靜坐時，車聲、人走動聲、聊天聲…，原本你以之為禪修之敵，因此心變得愈加

緊繃、更加自我中心；現在，則能將心開放其間，以之為助伴。一個人來干擾你靜坐，你就有一個助伴，五個人來干擾，就有五個助伴！也能因而體驗到苦、樂確實決於己心，一切逆境皆可轉為淨土。

如是心中執著、計較漸泯，框框一一消融；心變得愈來愈開放、鬆坦、調柔。經由修止，我們終能達到內在的平和與喜樂。

明心之旅

第五部

本論下篇 II – 法要總研討

（Q：學員提問，A：仁波切回應，R：學員回應）

共前行

Q1：現在已有許多方法能讓聾啞者和常人一樣學習、溝通。將聾啞者列
　　入八無暇（八難）中，似乎已不合時宜。

A：　那是相當古遠的說法。在當時的聾啞者由於生理上的缺陷，使他們
　　難以學習，心態也十分封閉；現在他們已有學習、增長智慧的機
　　會，故不可同日而語。當我們讀到那段文字時，心裡要有這樣的理
　　解。

R：　所謂的聾啞，也未必限於生理上的殘缺。當一個人內心封閉、不願
　　接受外在事理時，也可說是心理上的聾啞。

A：　「不具聽、說之能者」，只是一種舉例。真正指的是心態封閉，處
　　於冥頑、愚癡狀態的人，就如同聾、啞一般，無法接受任何事理或
　　從外界吸收資訊。

　　其實，任何人都有能力表達愛——對自己、對親人、對動物…。在
　　西藏有位大成就者，他雖是個啞巴，依然能明心見性、利益眾生。

Q2：您說：「轉心四思惟法」能將我們的心轉離痛苦的根源——執著。
事實上，我們也需要有某些的執著來作為修行的驅動力，不是嗎？

A：並非所有的執著都是不好的，我們的確需要有某些的執著，但強烈
的執著就真的不好。比如：對具德的上師懷有高度的虔敬，能使我
們的道業不斷增長；但若過度執著，就會成為障礙。
在我們尚未證悟之前，有些執著確實是有益的。比如：皈依三寶而
生起依仰之心，思惟人身難得而生起慶幸、珍惜等等。

Q3：可否舉例說明：緣起法則和業（因果）之關係？

A：萬法皆是因緣和合而生，彼此間有著相互依存的關係。在宇宙森羅
萬象之間，在我們自身的氣、脈、明點之間，在心識的意念和了悟
之間，皆不離此緣起法則。外在的宇宙、我們的身、心之間亦然。
也因此我們一直在變化著。
依於緣起法則而有業。緣起的未必是業，業本身是緣起的。
比如：不論我們要種的是藥用的植物或有毒的植物，若想讓它成
長，除了要有種子之外，還需要哪些助緣？

R：水、農夫、土壤、陽光、無雜草、無鳥或兔。

A： 首先需要有土壤，此外還要有適當的濕度、溫度，空氣，遠離會吃掉種子的蟲、鳥、走獸，阻礙成長的病害，調合一切助緣的農夫，以及成長所需之時間。當這些緣同時具足時，依於緣起法則，我們必然能得到結果。

試問：在因緣具足下，若你種的是藥用的植物，它可會結出有毒的果子？

R： 那要看它是哪一種藥，也要看你怎麼用它。有些植物具有毒性，但經過適當的處理、適量的使用，它也能成為藥物。

A： 確實如此。因為我們不能論定某物就是藥物或毒物，它仍依緣於其他的事物、條件。好、壞不是存於事物本身，而是依於相互關係而顯。但我們仍要能分別、抉擇什麼是善、惡或好、壞。

我們種下豆子，不會收成玉米。但若將一種果樹接枝到另一種果樹上，就會形成另一個「因」，所得的果仍是依於那樣的因而有的。宇宙萬象便是這樣相互依存而生。同樣地，善業是利益他人的行為，其結果是喜樂；惡業是造成傷害的行為，其結果是痛苦。當因緣具足時，就必然會得到結果。

常言道：惡業具有一種功德——能被轉化、清淨。你可以依於懺悔或觀修慈悲、空性、自心本性…等來淨化它。

當我巡迴世界各地教學時，人們總會邀我出外走走。若是在大都市，他們往往會帶我到高樓樓頂展望都會風光。當我一走出電梯，卻如同身陷牢獄，因為四周圍滿了大鋼條。我問他們：「為什麼要圍上這些鋼條？」「防止人們跳樓。」

我們若能真正明了業與因果，便能帶給自、他平和、喜樂，也就不會淪為心靈的困獸了。

Q4：法本中：「四者娑婆眷財等，常為三苦所逼故」，請簡略地說明「三苦」。

A：　身處輪迴中的我們，擁有親眷、資財等，而這一切皆不離三種苦：苦苦、壞苦、行苦。

壞苦，變異之苦。比如：再富有的人也可能變得一貧如洗，人生在世總免不了生、老、病、死…。這種痛苦和變異有關。

行苦，是一種遍存之苦，我們時時身處其中，卻未必有所感知。世間一切莫不是剎那、剎那地變化著，這便是遍存之苦。

苦苦，比如：生了病，又遭盜賊奪走財物，真是苦上加苦。

這三種苦的主因是無常，根源在自心——苦、樂決於自心故。

Q5：法本中：「如屠誘殺所設宴，應斷貪著修菩提」。以劊子手的邀宴

來描繪我們的現實處境，的確是一針見血。此喻可有典故？

A：　在佛住世時，印度有一位國王非常仰慕佛陀，他邀請佛陀到他的國
　　　家作客。佛陀說他不克前往，但他會派一名高僧代表拜訪。
　　　佛陀便指定弟子中「議論第一」的迦旃延代表他前往該國。為了迎
　　　接尊者，國王將通往皇宮的道路鋪上錦緞、灑上鮮花，並以樂、舞
　　　引領，以巨大的金色傘蓋護送尊者。其間，國王滿意地看著自己所
　　　安排的盛大排場，並觀察著行進中的尊者，他心裡想：「對我這樣
　　　的盛情款待，不知尊者做何感想？」只見尊者面帶微笑、十分放鬆
　　　地行進著，並未特別顧視什麼。

　　　當國王迎請迦旃延坐上華美的寶座時，便問道：「尊者，當您一路
　　　走來，看到我為您準備的種種供養時，您心中生起了怎樣的感
　　　受？」尊者：「如您所知，那一切都很好。但我並未生起特別的執
　　　著或興奮之情。」國王：「那怎麼可能！」尊者：「我心中滿盈的
　　　平和、喜樂遠勝於一切。對我而言，外在的事物有也很好，沒有也
　　　很好，無論怎樣的境況發生都很好。」國王仍是不解，尊者便繼續
　　　說道：「即使是一般的凡夫也能做得到。」國王：「不是修行人也
　　　能做得到？我必須了解箇中道理！」
　　　尊者：「在您的牢裡，一定有一些即將處決的人犯，是吧？如果您
　　　邀請他們到皇宮來，然後告訴他們：『三個小時之後，我要將你們

處死；但在這之前，我要盛大地款待你們。」他們會有怎樣的感受？那也正是我一路走來的感受。」

國王果然依言宴請一名死囚，三個小時之後，國王：「我決定不殺你，但我想知道當你享用著華美的宮廷盛宴時，心中有何感受？」囚犯：「不論您是讓我坐在地上或是寶座上，對我都毫無差別。」國王當即領會了箇中道理。

我們若能深刻體認輪迴的過患，便能息滅對外境的貪執，去除解脫道上的障礙。進而依於佛法精勤修持，便能迅速入達覺證。

修止

（關於「心之緊張」，以下分別由三位學員相繼發問，師與之研討——在開放、真摯、幽默的氛圍中。）

Q1：心之緊張，是否和業有關？

A： 是很可能和我們之前的業有關。我們應謹記：要儘量以正面的業作來淨化負面的業。其中，空性、自心本性的觀修則完全超乎於業。以淨業、集資而言，於方便道，慈悲、虔敬二者兼具，便是最殊勝

的行持。觀修自心本性則屬解脫道，它是一切法門中最特勝之行持。

雖說個人感到的緊張和他過去的業有關，但並不表示他就只好這麼緊張下去。因為業是可以轉變的——我們可以去淨化負面的業，以正面的業取代之，乃至完全超越之，所以不必氣餒。但業也不會因為你希望它轉變，它就自行轉變，連佛陀也無法憑空除去眾生的業。所以仍然要靠我們自己努力，多行善法功德、觀修空性或自心本性以轉化業、超越業的限制。

Q2：說不要緊張容易，但事實上，緊張的形成因素可能不只涉及自身的造作。因此要如何區別：由自己造作而成、自己有能力予以消除的緊張，以及那些由自身之外因素所致、需要予以擺脫的緊張？

A： 你所說的，至少有一部份是對的。其實，這關係到個人的修為、道力。
大體說來，我們的反應（不論苦或樂）是取決於自心對該情境的詮解。因此緊張的形成，固然涉及一些外在因素，但大部份還是歸因於內在因素。可以說自心選擇以怎樣的方式來詮解、反應外在情境，決定了我們是否生起緊張。

也因此，佛陀開示了二種層次的真理：世俗諦、勝義諦。

我們其實是活在迷惑中，並認為自己所見皆是真實；這就如同我們在睡夢中，認為夢中所顯皆是真實一樣。因此佛陀說：在我們尚未達到究竟的證悟、可以完全超越世俗諦之前，我們都得承認、隨順世俗諦。對於那些會造成自、他傷害的行為，須予遮止；對於能增益自、他的作為，則應行持。此外，虔敬、慈悲的培養，在世俗諦的整體架構中，也是至為重要的。

也就是說，當我們內在的修為、了悟尚未達到相當穩固、深徹之前，我們都需要考量、善理外在的環境；並尋求能使生活、修行更具增益性、更放鬆的調處之道。而這真的關係到個人內在的開展程度。比如：當你有機會改變環境時，你是可以選擇這麼做：「以我目前的修為而言，我無法活在這種環境下而能不感到壓力、煩擾，因此我乾脆離開它！」但當你別無選擇時，你就需要具有能將情境轉為道用的內在力量，而非一味地掙扎、對抗。

因此我們需要提升自己內在的力量，同時留心、善理外在的環境。若能以個己之修為來轉化情境，這遠比每次都選擇離開還要究竟得多。

佛陀為僧、尼立下的道德規範：要在過於嚴苛、過於耽溺的二個極端中，找到平衡點。這也是我們安身環境的指導原則。佛陀並未要

求弟子們拒絕人們供養的衣、食而成為挨餓受凍的乞士。他說：只要人們是以恭敬行者之心而為供養，你們就應心無分別地領受它。但同時，他也不鼓勵弟子們從事經商、營求俗利。這便是離於極端的平衡之道。

至於如何培養內在的修為以面對外在嚴酷的環境，在課程中所介紹的各種方法，如：修止、慈悲…等，皆是信實的憑依。

Q3：我想問的是：有關本自清明之心和我這不甚清明之心的問題。

也就是說，大多數像我這樣生長於西方的人，我們生來就緊張。我們的父母、師長、社會都很緊張，我們的貪慾、瞋恚、無知也使我們緊張。我們心中存有一種對抗一切的戰爭，對禪修、對我所學的教法也不例外。

因此，當我們這類人在習坐時，雖然也體會過片刻美妙的放鬆，但我們對放鬆、喜樂的耐受度是有限的。總有個東西老是把我們的心往外牽，因為我們的生活都是外向性的。在靜坐時，內在有個部份在享受著禪修，願求著輕安喜樂；另一個部份則覺得無法忍受，便任由心散亂、緊張，即使明知那樣不好。這便是我們的兩難啊！

A：試著這麼來想：你心中愈是感到緊張，就愈表示心的自性是本然平和、清明的。

R： 但那不是我的直接經驗啊！

A： 那只是因為你還未能認出它來。一旦你能識出心性，便能直接體
驗。

R： 那麼，我的下一個問題是：假若我們在靜坐時，察覺到心散亂了或
生起了緊張，這時我們試圖提起意志力來維護心的清明、放鬆，這
就表示我們不是處在完全自然的狀態中、了無造作。同時，我們也
就陷在那兒，因為若不去維護，就只好任由心散亂了。所以說在這
散、無散亂間，存在一個衝突——透過意志力來維護心的覺知，會
造成緊張；若不維護，心又會散亂。這又是個兩難問題。

A： 這問題似乎是源自於你有這樣的想法——散亂、緊張不是好東西，
不應該讓它發生。一旦發生了，就應設法將它剷除。

R： 但我很清楚——花上個把小時散亂地坐在那兒和無散亂安住之間的
差別，也知道哪一個感覺比較好。

A： 那是因為你在心中製造了這樣的分別——妄念、煩惱川流的禪修是
不好的，無有妄念煩惱才是好的禪修。
其實，沒有什麼不能成為禪修的。以修止而言，不論什麼都可作為

修止的依托；以空性而言，無論什麼也可用來觀修空性；培養慈悲心、菩提心亦然。無論什麼都可以成為修持的一部份，於道增益。

R： 雖說那些妄想雜念都是禪修的一部份，但心散亂時，心也無以安住啊！

A： 你認為修止的要素是什麼？

R： 經驗到心安住的覺知——能察覺到散亂生起，散亂因而自行解脫。

A： 其實，問題是在於你心中潛藏的執念——你覺得你必須平和、喜樂。

R： 但我真的想要啊！

A： 如前所說：修止的精要在於覺知。假設在我們前方有一面鏡子，鏡中映現了種種事物。有些是陰暗、駭人的相狀，如惡魔般的臉（仁波切拉出一張鬼臉）；有些是姿態曼妙的美仙…。不論是妙善的、醜惡的，都會映現在鏡中；但鏡子本身則超乎善惡、美醜，有的只是自然的清明和映現的功能。

試問：當鏡子映現惡魔陰暗的形影時，鏡子本身會變成暗色的嗎？

R：　不會，但（我）這面鏡子會。

A：　你把映象和真實弄混了。

　　對鏡子而言，不論鏡中顯現了什麼，對它都毫無差別；不論什麼擺在其前，它都能清楚映照，但其自身則超越了映象之相狀、顏色。禪修的關鍵在於——使自心成為「鏡子」。

R：　可否說：我是錯在——認取映象為真實？

A：　正是如此。

　　別忘了這課程所隱含的目標——進趨自心本性。到那時，你們對這些問題自然能更清楚、更明白。目前，我們所談的都還是修止。

Q4：我覺得自己可能有點精神分裂——在平日，我內在有個代言人；禪修時，就完全換了個人，擁有不同的個性。我知道我若能認同後者，我的人生會好得多。這是不是自我和較高心識之間的差別？

A：　確實如此。但不要期望那種轉變會在短期間內發生。無始以來累世所強化的業習，形成我們心識之特性。即使我們已確認轉化的可能性，也不表示那種轉變會很快發生。要不然，當閉關課程結束時，這裡就會有四、五十尊佛；這世界也應該好得多才是啊！

Q5：當聽到您說：要以非常放鬆的方式來禪修，毋需對自己那麼嚴苛時，我想到一個問題——禪修、非禪修的差別在哪？我們如何知道自己是不是在禪修？

A：你若聽到耳朵裡有巨響，便是在禪修；若未聽到，就不是在禪修——開玩笑的啦！

禪修、非禪修之區別在於有否覺知。但這不是說我們連某種程度的覺知都沒有。比如：看到磬旁這支棒子，我們會知道它是一支磬棒子——這是一種初步的覺知，一種能分辨基本事實的能力。但我們未必就有足夠的覺知能知道磬棒子有何作用、如何使用它。因此即使一開始我們能識得它，我們也無法受用其利益。

以禪修而言，首先我們要認出心的覺知，然後還要能運用那個覺知。比如：我雖然擁有一只名貴的手錶，卻不知錶為何物、有何作用，因此一天到晚問別人：「現在幾點！」後來經朋友提示：「你不是有錶嗎？它就能告訴你現在幾點啊？」手錶始終未變，我也一直是錶的所有人。不同的只是——之前不識，故無法受用其利；如今識得，即得受用。

佛與凡夫眾生在本質上是同等的，皆具全然清淨、平和之心性。凡夫眾生卻受著種種苦，缺乏智慧、慈悲、大力。何以如此？那是因為我們未能了悟自心本性，便無法受用心性本具之功德。

究竟說來，無事需辦，無行可修。因為，我們只差在未能認出本自

具足的心性，一切的修持也不過是為了回歸心性罷了。

所謂的「認出」也有層次之別——有依修止而言的認出、有依修觀而言的認出、有依心性而言的認出，那是一逐步認出的過程。

目前我們的主題是修止，以修止而言「認出」，指的又是什麼？是對「覺知」的認出。比如：在座各位都已習坐一段時日，當你在心中：「現在，我在靜坐。」就會有某種程度的覺知閃現。一旦你認出了覺知，就不需要進一步去看個什麼。否則就會像手中握著錶，卻問：「我的錶在哪兒」那樣是找不到錶的。又好比之前做過的比喻（仁波切以手指向各方）：指前方、指右邊、指左邊、指上、指下——其實，所觸皆是虛空，手也未離虛空。同樣地，心若能保有覺知，自然不離禪修。

Q6：一旦認出了心性，之後還要修什麼呢？

A：認出心性只是解脫道的起始，之後還有很長的路要走，仍然要在傳承上師的引導下，不斷提升、轉化。

話說回來，認出心性確實是道業上意義重大的里程碑。許多人終其一生也未得其門而入。甚至以為坐在那兒不思過去、未來…就是在修大手印、大圓滿。其實，那只是修止而已。

Q7：靜坐時，有時感到相當平靜、放鬆，卻不甚明覺。這時又該如何？

A：　你內心是否認為「明覺」是另外一種心境，你試圖讓它生起？

R：　是的。

A：　正當其時，你是否覺察到自己平靜但不甚清明的狀態？

R：　是的。

A：　那正是明覺！

Q8：天氣很熱時往往很難坐得住，這時，是否可以「熱」作為心安住的標的？

A：　當然可以。但這麼做不是為了去除熱的苦受，而是單純以之作為修止的依緣。若心存希、懼，心便會緊縮起來，反而成了修止的障礙。

Q9：對於透過五根緣五塵的修止法，是否可以隨機以某一塵境作為依緣？

A： 我們可以完全開放五種感官，不論什麼顯現，只需單純地觀照著，不去特別標示、專注什麼；同時心是清明的，並未失神——此即無所緣的安住法。

就有所緣的安住而言，一樣可以是開放、隨機、靈變的。比如：聽到聲音，就只是覺知它；過一會兒，有個影像現前，就覺知它。若硬性規定心非得依緣什麼不可，就會使心變得緊狹，使自我強固起來。比如：「我喜歡安靜，那個人話說得太多了。」…，便於心中築起了一道道的藩籬。

Q10：靜坐時，有時身體會產生一些感覺而使心的專注轉移。

A： 初學者常會經驗到各種身體的感覺，那是因為心、氣之間關係密切。心一開始專注，氣就變得活躍，如此而已。一般而言，隨著持續的禪修，那些現象都會自行消退。

初學靜坐時，可能前五分鐘感覺還不錯，之後就開始坐不安穩，焦躁起來。有時則覺得身體發熱、頭變重，或有緊縮、阻塞等感覺。如果成為干擾，就要暫停一下，不要勉強自己坐下去。

Q11：我們可否以誦持咒語來修止？

A： 那也是一種修止法。比如：嗡、阿、吽(OM A HUNG)乃是一切諸佛

身、語、意的化現，含攝諸佛的功德與加持。

以咒語修止時，我們不是以口唸而是以心念，也不觀想種子字，只是讓咒語的聲音在心中生起。

現在，就讓我們一起來練習：

先放鬆地安住…；

在內心生起嗡、阿、吽…；

再放鬆地安住。

Q12：雖說行、住、坐、臥、吃、喝…，無一不可修止，但我還是會懷疑：想睡時真的能修止嗎？

A： 「睡覺修止法」是一個很好的禪修法，它能將睡眠轉為禪修。

不論你是在床上，或是在枯燥的會議中，還是在冗長的法會裡…，一旦察覺到自己昏昏欲睡，就可以放鬆的心覺知那欲睡之感：「我要睡著了」但毋需用力觀個清楚。

若能以無散亂的覺知來觀察欲睡之感，那麼從你開始想睡、睡著、到醒來的這段時間，它就可能成為很棒的禪修。如何確定自己的眠睡已轉為禪修？這需要兼具二個表徵：一者，睡中無夢；二者，醒來即處於禪修狀態中。

大成就者拉瓦巴一睡十二年，一醒來就證悟了大手印。

不共前行

Q1：我沒有特定的上師，可否以您作為觀想對象？

A：　可以。你也可以觀想金剛總持是所有上師的總集體。或是任何你領
　　受過他口傳、灌頂、教授的上師，都可以作為觀想之所依；然後觀
　　想他是所有上師本質之總集。

Q2：我們是否應訂下日課，每日規律修法；或是可以有空就修，沒空就
　　放掉？

A：　除非你平常的作息真的忙到排不出修法的時間，否則最好能每天修
　　持；因為愈規律對修持愈有益。即使你一天只能做三次大禮拜，總
　　強過沒做。每個人可依自己所擁有的時間來安排日課。即使很累、
　　很忙，每天能做一些修持，就能持續進展。但若真的太累，也就算
　　了。
　　對許多人而言，大禮拜確實是體能上的考驗。除非你真的無法拜，
　　才可開許坐著誦持祈請文，否則還是要儘量試著拜；畢竟它是「皈
　　依大禮拜」的一部份。但絕不能因為你不喜歡拜，就來個自我開
　　許！

Q3：能否對皈依境中的六個族群，再做說明？

A：依經乘而言，我們皈依三寶：佛、法、僧。依密乘而言，我們還多了三根本：上師、本尊、空行與護法。上師是加持的根本，本尊是成就的根本，空行、護法是事業的根本。三寶中的僧寶指的是初地至十地的菩薩。
三寶加上三根本，總合為六個皈依對象，他們都有共同的本質。皈依此六者，於現世、來生都能得到莫大的助益。

領受皈依，就如同在心識中種下覺悟、解脫的種子。直至成道為止，這顆種子都在我們的心識內。其間，即使我們因業力牽引而輪迴六道，終究會有入達覺證的一天。

我們若以無常的外在事物為依處，必然會因其變異而喪失自信，心也不得安穩，就如同風中的羽毛，總是東飄西盪。若以自心本性為我們的內皈依，三寶、三根本為我們的外皈依，我們的心便能安穩而平和。

Q4：「皈依大禮拜」主要是在清淨我們的身業，但其修持卻是身、語、意並進的。您也說過：最重要的是，要能在放鬆、無散亂的狀態下來修持。我於放鬆尚能把握，無散亂就很難做到。

A：　我們要能避免身、語、意的散亂。

於身：有些人將大禮拜用的板子墊得很高，因此能很輕鬆地做完。有些人則根本不站直身子，做的是不完全的禮拜。這些都是身的散亂，很難得到修持的利益。常言道：好好地做幾個大禮拜遠勝過心不在焉地做許多的禮拜。

於語：有些人在唸祈請文時，唸得快到不知道自己在唸什麼。有些人則一邊做，一邊和別人說話。這些都是語的散亂。

於意：修法時妄念紛飛，或是盤算著生意上的利益，或是想著工作上的問題…。散亂會消減我們修法的利益，但要想完全超脫意的散亂是很難的，因此只要盡己所能地修持就可以了。

Q5：對於不會藏文的我而言，以羅馬拼音的藏文來修法的確蠻難的，因此當心專注在藏文拼音上時，就無法兼顧英譯的文義。

A：　我會建議各位儘量以藏文來修法，是因為這些法本當初是由大成就者翻譯成藏文，長久以來又有無數的修行者修持，因此具有加持力。

初修時，你可以先誦完一次祈請文，再做一次大禮拜。若誦三次，也可二次誦藏文，一次誦英文（或中文等）。修持一段時日之後，就會變得熟練，也就能同時並進了。

Q6：課堂中您說：即使是佛陀也無法改變眾生的業；另外又說：迴向功
　　德或祈願可以利益眾生。此二說如何能並存不悖？

A：　比如：你們都看得到我手上這支金剛杵，那是因為它是我們凡夫眾
　　生業識投射的顯相。由於我們所住的世界和一切的眾生皆是我們業
　　識的投射，因此當我們祈求世界和平而於自心生起平和、喜樂時，
　　也能對這個世界有所助益。
　　佛陀則超乎於業，他不是我們業識的投射。當我們以信心、虔敬向
　　佛祈請時，我們便能得到他的加持。

R：　能否說：一切都是法身的投射？

A：　可以這麼說。

R：　佛也是法身？

A：　是的，你也是。

R：　若一切皆是法身，又怎能說：佛是超乎於業，有別於我們有業的眾
　　生？

明心之旅

A： 佛已認知法身之本質而眾生未然。佛一樣有投射，但當中沒有迷惑、幻妄。

R： 能否說：一切都是業？

A： 不能這麼說。比如：空性、自心本性就不是業；這個鈴也不是業，它是我們業識投射的顯相。

R： 若說佛具有無量的功德力，他為何無法改變眾生的業？

A： 業是我們自己造作成的，有了業因，若不能加以轉化，就只好承擔業果。
這是我們自己的業，就必須由自己走過淨業的過程，佛陀也無法代勞。

R： 但他不是有無限的力量嗎？

A： 為何那具有無量功德力的佛陀，也無法立即而直接地利益我們呢？要知道一切現象皆非實存，我們所見到的自己和一切外境皆是自心的投射。佛若和我們一樣具有凡夫業識的投射，依於這樣的關連，他就能有直接的影響力。比如：假設你有一大盆水，它是實存的；

你將那盆水投入地獄，便能熄滅地獄之火。事實上，水本身並非實存的，它是我們業識投射之顯相；地獄之火也非實存的，那是地獄眾生業識的化現。因此我們不可能以人所見的水去撲滅地獄眾生所見的火。同樣地，佛陀若有和我們一樣的業力、相同的業識投射，他就能直接利益我們。但事實上，那種關連並不存在。

我們為什麼需要清淨個人的心識？因為我們所見的一切本是自心的投射，經由自心的淨化，便能改變一切。
若說這個世界是由佛陀一手創造的，具有無量慈悲的他，又怎麼可能讓任何一個眾生留在地獄中或任何痛苦的境地裡呢？

R：　這麼說來，佛就不具備無限的力量了。

A：　我們若不具備能和佛相應的業——未能達到某種程度的淨化，就無法感應到他無量的功德力。
　　因此，我們需要了解的是：即使是具有無限力量的佛陀也無法改變我們的業；我們的業力甚至能阻斷佛陀遍照的大悲之光！

R：　這麼說來，佛陀也會受到業的限制。

A：　受到業限制的不是佛陀而是眾生。這過失不在佛陀，而在我們自

身；因此我們必須自己承擔起淨業的責任。

R： 歷史上的佛陀一生示現了許多神通，當時的人們為什麼能夠看見那些神通？

A： 在佛陀示現為釋迦牟尼佛的一生中，即使是凡夫也能見到他示現的某些神通（不是全部）。這一方面是因為佛陀為了度化眾生，故而示現為人身；另一方面是因為當時的人們福德具足，因而能感應到佛陀的無量慈悲。由於二者之間存在這樣的關連，使得當時的眾生得以親見佛陀示現的一些神通。

最後，讓我以一則比喻來總結此題：
在這裡的人們會說：陽光普照英國。但如果你住的房子是建在地底下，陽光便無法照到你的房子。即使如此，你還是會說：陽光普照英國，不是嗎？同樣地，佛陀的慈悲無有分別地遍及一切眾生，但眾生自己若不能具足福德因緣，便無法領受到佛的加持力。但我們還是能說：佛陀具有無量的慈悲，不是嗎？
當眾生福德具足時，他便能感應到佛陀無量的慈悲而受益。眾生是無量無邊的，佛的慈悲也是永無竭盡、無有限量的，是謂「無量」！

Q7：雖然我們心懷利他之念，但有時在助人的同時，卻不免造成一些副作用或後遺症。

A： 因為目前我們還有貪、瞋、癡、慢、疑等心毒、煩惱，因此障蔽了我們本具的清明智慧。

我們平日要積極地培養利他的心態、動機，並迴向功德給眾生。但在從事利他之行時，還是要量力而為，並且運用常識。比如：你若傾一己之所有而行布施，最後弄得自身難保，就不是明智之舉。又如：有些人在布施之後心生悔意，有些人則以布施來炫耀自己的美德或財富，有些人則另有自私的意圖…，這些都不是純正的布施。此外，若因為助人而毀損、捨棄了自己的修行，也算不上是利他之行。

總之，我們一方面要能培養廣大的利他之心，另一方面仍要量力而為。隨著我們道業的增長，我們利他的能力就能提升。當我們入達覺證時，便能利益無量的眾生。

Q8：關於慈悲的力量，我想在此分享個人經驗。

半年前，我告訴明就仁波切我的困擾：有位鄰居一直滋擾我，時而丟垃圾到我家花園，時而在路上用肩膀撞我…。我從不曾對他惡言相向，他卻不斷地找麻煩。我問他為什麼要這樣？他說：「找樂子！」

當時我問仁波切：「我該怎麼對付這樣的惡鄰？」仁波切：「以他來觀修慈悲。」「我不認為這樣會有用。」「你不妨試試看。」

我就真的以他來觀修慈悲，一段時日之後，我原本的恐懼、厭惡感消失了，也不會再為那些惡作劇氣得跳腳，便能很放鬆地做我該做的事——他已無法傷害我了。最後，或許是玩累了吧，他開始覺得不好意思。一個月前他來向我道歉，請求我原諒他。

A： 慈悲心能使我們超越恐懼、建立自信，同時也是喜悅的源頭。
達賴喇嘛和許多的科學家都會參加「心與生命學院」每年所舉辦的科學會議。他們也會邀請一些出家人來參與科學實驗。其中有個實驗顯示：當這些僧人觀修慈悲時，腦中顯示的喜悅，遠高過一般人所能達到的喜悅。我也參與過那個實驗，當時他們要我仰躺在儀器內手不能動、頭也不能轉地待上三個小時，他們則做全程的測試。

Q9：能否以練習「自他交換」來增長菩提心？

A： 那是非常好的方式。
我們可以利用呼吸來做「自他交換」的修持，不論你是從吸氣或從呼氣開始都可以。
吸氣時，想像你所吸入的是非常晦暗的光，它含攝了一切眾生所有

的惡業、垢障、痛苦，並想像那光消融入自身。

呼氣時，想像你所呼出的是清淨的白光，它含攝了你所有的善法功德、喜樂，以及諸佛菩薩所有的功德。

曾有人問我：這樣的觀想會不會成為事實？

沒錯，依法練習一段時日之後，你就會開始生病，很快地死去，並且下地獄！（師大笑） 事實上正好相反，你的疾病、煩惱會愈來愈少，心會變得正向，來世也會非常好。

綜合

Q1：修止、觀修空性、觀修慈悲，此三者之間，有何關連？

A： 修止、觀修世俗諦之慈悲，屬方便道；觀修空性之見地、觀修自心本性，屬智慧道。在修行道上，方便、智慧應並存，一如飛鳥之雙翼。

Q2：關於睡夢，我除了會做一些和日間活動相關的零亂之夢，有時也會做寂靜、清淨的夢，如：見到曼陀羅等。去了解夢的啟示，對道業可有助益？

A：夢境的發生有各種原因，如：依於現有習氣而顯的夢，這種夢和日間所感知的種種有關。又如：依於過去世的習氣而顯的夢境。再如：心識中的習氣種子，會在未來感應而顯現出來；但也可能先顯現在夢中。許多人都有這樣的經驗：到某處朝聖，覺得景物似曾相識，才想起以前曾做過那樣的夢。

基本上，即使是清淨、具預示作用的夢，若執著之，便無益甚且有害。一些看似善兆的夢，之後也可能轉為惡兆或另具他義的徵兆。比如：夢到本尊賜予你某種成就，你若執以為實，的確有可能轉變成非常負面的結果。做到這種夢時，你最好能觀修空性。同樣地，當你做了惡夢但不執以為實，惡兆也就不會應驗，負面的也可轉為正面。反之，你若想盡辦法去對付惡兆，那種執著反而會使它於未來應驗。

本來一切都是夢，何況是做夢！

Q3：您曾說過：單是修止並不能了悟心性，但它能為觀修心性奠基。請再多做一些說明

A：修止能使我們的心變得調柔、合用，漸漸地便能進入觀或勝觀（觀修自心本性）。修止是方法，心性是智慧，方便和智慧就如飛鳥之雙翼，得以飛向覺悟之目標。

要想認出心性，需要淨業、集資；於菩提心、上師相應法更是不可或缺。

止和觀也是迴互相乘的——修止使心清明、穩定，奠定了修觀之基礎。修觀的同時也可使止的修養提升。比如：觀修空性時，若能心不散逸地觀修一切皆是夢，便是止、觀同時。以觀修心性而言，隨著勝觀的進展，止的功夫也會愈加提升。

Q4：我們這些生於資訊爆炸時代的人類，擁有比古人更豐富的知識，卻無法保有他們那種單純的平和、喜樂。原因何在？

A：現今各種知識昌明，但人們卻未能徹見自身的根本問題。我們知道痛苦，卻不知痛苦的本質和離苦之道，因而受苦不息。

世上有三種人：

一種是像非洲原始部落的人們，他們身邊只有幾天的食物，身上穿的只是一小片的獸皮，住的是茅草蓬，知識也很有限。但他們卻總是唱著歌、跳著舞，洋溢著一種自然的喜悅、祥和。科學家在研究中發現：這些所謂的落後族群，反而比一般人快樂得多。

另一種是我們較為熟悉的人，他們過著優渥的物質生活，擁有相當程度的知識、智能，內心卻一點也不快樂。

第三種人是佛陀和覺悟的成就者，他們擁有廣浩的知識、智慧，徹

底了知痛苦的本質和離苦之道，並得到究竟的平和、喜樂。
其實，他們也曾經像我們一樣因無明而受苦，我們也和他們一樣具
有覺悟的潛能。因此，只要我們能好好修持佛法，便能達到和他們
一樣的境界。

Q5：除了修止之外，是否也能以「時間短、次數多」的要領來修持其他
　　的法要？

A：　當然可以。以此種方式來觀修轉心四思惟、慈悲、菩提心、空
　　性…，都能得到很大的助益；也一樣可以用「計數法」來練習。

R：　可否在每日必修功課之外，自行設定專修日？比如：設定某天是慈
　　悲觀修日，某天是空性觀修日…，在該日專心修持某一法要一
　　小時。

A：　這也是個好方法，如是便能將大手印閉關課程中的法要逐一修持、
　　熟練。
　　至於四加行的修持，就必須每天修，不能中斷。比如：你要修持第
　　一階的皈依大禮拜、金剛薩埵法，就必須持續地做。若能每天做一
　　些，假以時日，就能達到指定的數量了。

明心之旅

第六部

結論篇

每日自修指南

　　早晨起床時，要觀想：十方諸佛在我面前，以其咒語和鈴、鼓聲，使我從無明的睡夢中清醒過來。接著要念誦皈依文、發菩提心文，祈願這一整日的言、行，皆能利益一切眾生。之後或修上師相應法或修自己的功課。接下來的一整天，都要保持這樣的正念、正知。

　　入睡前，則須將一日中所犯的過失、不如法的行為，逐一懺悔；將所行的善法功德以歡喜心迴向一切眾生。

　　一般的修持會包含五大要項：(1)皈依、發菩提心 (2)上師相應法。若無法依儀軌來做完整的修持，可做簡易的觀想法：從上師的三門額間、喉間、心間的種子字嗡、阿、吽，分別放出白、紅、藍三道光芒，照射我們的三門。最後，所觀想的上師化光、融入我們自身，然後令心無造作地安住一會兒。(3)觀自身即本尊之修法 (4)止、觀 (5)功德迴向。

　　以上五項除(3)之外，皆是每日必備的功課。利他之心則是平日最重要的修持。

利他之心概說

　　利他其實即是自利。諸佛之所以成就佛道，是因利他之行；我們之

所以浮沉輪迴，則因自私自利。利他之時，我們自然會不斷地積聚善法，自己及一切外境，都會變得更加善順；圖私利時，就不免累積惡業，障礙橫生。

我們若能時時保有利他之心，不只會帶給別人歡樂，自己也會很快樂。為什麼呢？因為一切的煩惱、痛苦都是根源於自私自利的心態。比如：我們常為了私利而傷害他人。我們對於自己看不順眼、不順己意、或有點礙到我們的人事物，動不動就生起很大的瞋心。這不僅會影響他人，更會使自己的身心受到傷害。當心受瞋火煎熬時，胃便如翻滾一般，連飯也吃不下。其實，自私也是許多身心疾病的根源。

人若無利他之心，便總是隨順煩惱。自己固然鬱悶苦惱，別人看我們也不舒服。自己看什麼都不順眼，總覺得周遭的人皆心懷不軌，彼此失去信任。最後，只會感到萬分孤獨，對世間一切不再生起歡喜，也失去做任何事情的動力。於內，則成天胡思亂想、情緒混亂，總是在找麻煩，家庭可能因而失和，自、他皆難安寧。

若常懷利他之心，所作所為的出發點皆是為人著想，執著自然會減輕、五毒煩惱也會減少。例如：看到別人得到喜樂、福德，自己也會非常歡喜。能生起這種隨喜心，自然不會見不得別人比自己好而陷入「嫉妒」的煩惱中。自心良善，就能感受別人的好，因此不會認為人皆不如

己而生起「我慢」的煩惱。若保有利他之心，便能為人著想，知道眾生是因無明愚癡，才造作種種害人害己的罪業，因而心生悲憫。這時，我們的「瞋心」煩惱也會減少。此外，心念利他時，自然會使自我中心的習氣減弱，不會一味圖謀己利，貪求無厭。會想到自己需求、想要的，別人也需要，自然「貪欲」的煩惱也會減輕。「愚癡」的根源在於深重的我執。當利他之心使煩惱逐漸減輕時，我們的心就會變得非常開闊、清明，內在的智慧也會自然顯露出來，一切的作為也會更加順善、更容易成就。

我執使我們的心變得狹劣，失去清明了別的能力，並使貪、瞋、癡、慢、疑、嫉妒、悔恨、希懼等煩惱不斷生起。當我們只見他人過失而不能自見時，往往形成彼此攻擊、反擊的惡性循環。到後來與誰也不合，在哪裡也不順，最後就只剩下獨自一人，這又是誰造成的呢？

因此我們要培養利他之心，能時時設身處地為人著想，做「自他交換」的練習——將自己和對方交換，去感受、思惟：他想要的是什麼、不想要的又是什麼；自己喜歡的是什麼、不喜歡的又是什麼。經由自他交換的觀照，我們自然能體會到自、他所欲皆為樂，所厭皆為苦；同時也能看到自己的過失和問題。如此，我們的利他之心就會逐漸擴大，外境也會自然變得更為善順。

培養利他之心是非常重要的，我們要想遠離輪迴、成就涅槃，都必

須以利他之心為基礎。除此之外，對於各種法要，也應盡力修持。

利他之心別說──基礎慈悲心、無量慈與悲、菩提心

基本上，慈悲心、菩提心皆是利益他人的心態。

如上所言，利他其實是自利。我們若是過於自我關注、自我優先，不顧他人死活，反正我就是要贏、就是要得到我要的，這時我們的心就會變得愈來愈褊狹，甚至成為偏執狂──總是畏懼別人、感到威脅。可見自私自利其實對自己最不利，也永遠無法享有內在的真正平和。

心若褊狹，即使他財高、權重、名盛，其內心實是極度缺乏安全感，一點也不快樂。

試想：我們一生真正需要的，其實很有限。你可以儘量填塞你的巨型儲藏室，但你真正需要填飽的也只有一個胃；你可以擁有廣廈千萬間，但你真正需要安頓的也只有一個身軀。當你所擁有的遠超過你的基本需求時，它帶給你的可是幸福？往往是不幸！因為心會緊緊執取那一切，也就被它牢牢捆縛。

我們不妨放開眼界、心量，仔細體取自身和森羅萬有的關係。在相對層次（世俗諦）上，萬法皆是相互依存的。住在同一顆星球上的我們，彼此都互有關連。也是依此相關性而演成今天這樣的世界。既然如此，

什麼會是確保人類集體進步的最佳途徑？那便是慈與悲。當我們能將慈悲融合於性靈行修中，我們就是真的在貢獻這個世界——使它更為和平、喜樂、「真正」進步。反之，若繼續鬥爭、互相傷害，最後我們真的會毀掉整個地球。

當我們的迷惑之心扭曲了彼此的關連性，而演成對立、衝突時，最後帶來的必是災難，例如：二次世界大戰中的生靈塗炭。

人之間的衝突可以這麼比喻：假設有二個人陷入一場爭執，常見的情形是——雙方都認定錯在對方，應予駁倒；完全不能自見缺失、過患。當二人的心都處在完全封閉、盲目的狀態時，這場衝突就只會愈演愈烈。

怎樣才可能出現轉圜的空間呢？假設其中一人突然靈明一現，對對方生起真正的關懷，因而從進擊中鬆緩、退讓下來。對方卻仍：「你錯、我對」繼續爭辯，但他這時已感受不到原先的對抗能量，就很可能頓一下：「且慢，情況好像變了。」然後他開始有些自覺：「我這是在幹嘛呀！」忽然感覺自己有點蠢而不好意思了起來。這畫面就好比：互擊的雙掌，突然撤掉一手，還拼命揮擊的另一手，沒多久就累了、停下來了。

當你以慈悲心面對攻擊、挑釁的對方時，你的無回應自然能化解他的負面能量，從而開放一個轉寰的可能性——使雙方都能迴心自照，較為誠實地看待整個事件，察覺、承擔自己的缺失、極限；而非一味地投

射到對方身上。這裡所說的「無回應」，並不是如木石一般面無表情，而是中止那隨業的反應。

為什麼我們會認為某些人是敵人，那多半是因為我們自心的恐懼、期望、擔憂，給了別人傷害我們的機會。當我們培具真正的慈悲時，自然衍生的充份自信（不是自負）會使我們不再恐懼，別人能傷害我們的機會便會大為減少。

何以說慈悲是開展和諧的最佳途徑，因為所有的人類，不論種族、文化背景，都有共同的基本願求——欲求快樂、厭離痛苦，也因此慈悲能成為普世公認的美德。

假設我們就站在先前二人爭執的現場，一個是已開顯慈悲心的人，另一個則尚未培養，因而滿懷瞋怒、攻擊性。當後者的視線掃過我們這一群人時，他心中可能生起種種批判：「哼，一看就知道這傢伙很傲慢、那個沒知識、那個一無是處…」「我敢說他們什麼也不懂」「每個人都瞧不起我、都想找我麻煩」。前者看著我們時，則情不自禁地讚歎：「這是一群多麼美好的人啊！」

心懷慈悲的人總是安詳自在、平易可親得多。他們能自然地和人聊談、相處，也會感受到人們都是真誠地想協助、支持他。無論在什麼環

境下，他們都能較好過，覺得整個世界充滿了愛。反之，一旦你決定沈溺在仇恨中，選擇以某人為仇敵、必須予以毀滅時，就如先前所講，你做掉一個仇敵，其後就站出二個仇敵來…。在這無止境鬥爭的最後，你勢必與全世界的人為敵。

依於佛陀的法教，慈悲是淨除業惑、煩惱、垢障，積聚福德、智慧資糧最有效的方法之一。它是淨業、集資法門中極為殊勝的修持。

現在，就來談談如何培養慈悲心。利他之心是一逐步開展的過程——從基礎的慈悲到至高、無量的慈悲，以至覺醒之心（菩提心）。

要如何培養最初步的基礎慈悲心？應先從觀照自身的感受開始——我是誰？我真正想要的是什麼？最不想要的是什麼？我應以怎樣的態度來追求我想要的，避開我不想要的？

確認自己的根本意向乃是非常重要的第一步。那根本意向即是欲求樂、厭離苦。所謂的慈即是願求自、他得樂之心，悲即是願求自、他離苦之心。當我們瞭解到一切眾生皆和自己一樣欲求樂、厭離苦，之後便要將這種同理心逐漸向外擴展。

現在，我問各位一個問題：假設我手上拿了一根很長的針，然後問你：「你比較喜歡我將針插進你哪一邊的耳朵？左耳還是右耳？哪一邊

會比較不痛？」

二耳的感受會是相同的，對不對？因為它們有相同的敏感度、感受力。

同樣地，所有的人也都和自己一樣，對苦、樂有著相同感受與願求。

正因為我們未能體認此一基本事實，因而持有偏差的觀感，造成許多誤解，犯下許多錯誤。若能加以體認，我們自然會尊重他人離苦得樂的願求。

此一共同的基本願求（離苦得樂），實則表徵了人性中的正向性，也是我們純淨本質的表露；也因此可以說每個人都懷有某種程度的慈悲。佛陀：這共同的根本願求，正是我們皆具佛性的明證，證明我們皆具純淨的本質。

就某種意義來說，我們之所以能了解愛的感受，其潛在理由是因為我們都在尋求如何顯發本具的純淨本質——它是完全超脫痛苦、全然平和、純然喜樂、究竟幸福的狀態。

其實，那才是我們真正的追求——發自我們本性的呼喚。呼喚我們回歸自性本具的平和、喜樂、究竟離苦境界。然而為無明障蔽的我們，只是本能地回應那呼喚，因此有著追求樂、厭離苦的根本願求。也因我們未能體認那根本願求的真正意涵，因此只能在有限的所知下，以不究

竟的方式求得暫樂、暫得離苦；卻往往因此付出更高的代價，衍生更多的垢障，阻障了我們回返自心本性的歸程。

徹證心性的佛陀為眾生開示了無量法門，就是為了幫助各種根器的眾生，能以信實的途徑回歸自心本性，究竟離苦得樂。

譬如：剛孵出小雛的母鳥，她有時會飛到遠處，但總是會飛回鳥巢。為什麼？因為那是她的家、她歸屬的地方。每當母鳥飛離鳥巢時，她心中的主要意念是什麼？快回巢去！快回家吧！那是她的驅動力，她有著思鄉病啊！

同樣地，我們的心也歸屬於它的真實本性，其潛在的趨向，就是要回歸那純淨的自性，那也正是你我的思鄉病啊！

慈是願求自、他快樂，悲是願求自、他離苦，慈、悲之功德可以漸進的方式培養。我們可以從那些很容易使我們生起慈悲心的對象開始，如：父母、子女、配偶、手足、男女朋友、孩童…，然後逐漸擴大到陌生人。最後，甚至對敵人也能生起慈悲心——他也和我一樣欲求樂、厭離苦，不幸的是，他用錯了方法。他只是被煩惱迷惑暫時遮蔽了心目，那並不是他的真實本性。我們可以如是漸進地培具基礎慈悲心。

之後，進而擴大到對一切具有心識的生命，我們都能體認彼此共有的願求，生起了「願他們能得樂」、「願他們能離苦」的心願。當我們

能以這樣的心懷擁抱每一個生命時,便是所謂的無量慈、無量悲。以此為基礎,我們便能修養所謂的菩提心——覺醒的菩薩心懷。

那是鑑於眾生因無法體證本具之佛性故而受著無謂之苦;因此,我要先達到全然的證悟,以引領一切眾生開顯佛性。(國王發心)

或是說:讓我們一起走向覺悟的終極,成就佛道。(舟子發心)

如果你真的具足勇氣,你也可以這麼思惟:首先我要確定每一眾生皆已成佛,最後我才成佛。(牧人發心)如:地獄不空、誓不成佛的地藏王菩薩。

發菩提心的重點,是在於盡量發起強有力的意向:我獨自一人要讓每一眾生成就佛道,究竟離苦得樂!至於實際的能力如何,不是問題。因此別陷入這樣的迷思:「這個嘛?我究竟能不能辦得到呢?」因為發菩提心旨在動機——強有力的動機會引發強有力的動力、勇氣,得到強有力的結果。就如同種下健全的種子,才能長出健全的植株,結出健全的果實。所以我們要在菩提道的起點,發起最積極的意向:我將令一切眾生證得佛果(意為圓滿證悟自心本性)。

這便是菩提心的總結,現在,你們全都是菩薩了!

課末叮嚀

在這第一階的課程中，只有那些能幫助他人生起善心、利他心的教法，如：轉心四思惟法等，才可對人宣說。較高深的教法如：止觀、空性等部份，未經上師開許，不宜對外宣說。

尤其是觀修自心本性的部份（第二階），不論是錄音或筆記，參與課程的學員皆應自行保留，不應借給他人。因為若未以第一階實修為基礎，並於第二階課堂上經上師直接親授，聽、看資料之人，不但未能蒙其利，反而受其害。因此違反此規定者，便毀犯了三昧耶戒。

目前，自己的修持才是最要緊的。除非有所證悟，否則不宜對人說法。就如同二個空杯子，想把一個空杯中的東西倒進另一個空杯中，實際上什麼也沒得倒。

聽聞上師說法之後，弟子未經開許，基於某些不如法的因由，便立即對人宣說。這種行為就如同出賣三寶、上師。最後是自己的修持沒了，他人也得不到利益，還有可能以盲引盲，相牽入地獄的火坑去。

即使自己已有少許了悟，但尚未達到相當的證悟之前，若對人說法、教授，這就如同自己本是一支火燭，卻把燭火給了別人，這會使自己失去修證、受到傷害。當我們得到相當高的證悟或究竟的覺證時，那時再去教授他人，就會像是燈火相傳、燈燈相續，愈傳愈多、愈廣，不但能真正利益他人，也不會減損自身的修證。

迴向 & 祈願

在這一週裡，依於經典、密續，已教授了許多修持的方法，其中更講到口訣教授的精華。所謂的口訣，是傳承上師們依於修證，將甚深的教法轉為容易理解、修持的要訣。在這裡接連幾日所說的法，正是一切佛法修持的精要，是開啟修行之門的鑰匙。希望各位能善加珍惜，盡力行持。這會使我們日後更容易明白經、論教法的真義，也能知道如何修行。惟有如法修持，方能了知真正的覺證會是怎樣的境地。

就如過去幾日所說：一切萬法皆無常，有聚必有散。再過不久，我們就要各自回家去了。感謝各位如此認真聽聞教法，我會為各位此生及來世的究竟利樂祈願。

最後，我們要依隨十方諸佛菩薩對一切眾生的迴向，而將我們所有的聞法、修持功德，迴向給一切眾生。並且一起來祈願（眾人共同祈願會有更大的力量）：

願一切總持教法的修行者，如：達賴喇嘛、大寶法王、大司徒仁波切…等上師，都能法體康泰、長久住世。

願世界各地的飢饉、戰爭得以平息，台灣和全世界皆能遠離疾病、天災人禍，享有和平、自由與喜樂。

明心之旅

附錄

詠給明就仁波切簡傳

＜今生＞ 第七世　詠給明就仁波切

祥瑞出世——選擇投生大伏藏師世家

　　當今之明就仁波切為第七世轉世，父親是尊貴的烏金祖古仁波切（註1），母親是二位藏王松贊干布和赤松德贊之後裔。仁波切於 1976 年藏曆之 9 月 29 日（西曆 11 月 11 日）誕生於尼泊爾的努日。未出世前，父親夢見一位身穿白衣、非常威嚴的喇嘛對他說：「我是詠給明就多傑，來您家中借個住處。」出生前一個月，晚上月亮中白色的虹光不斷照射著臥房和屋頂，鄉人皆歎為稀有。出生前一週，一道白色的虹光，直射他家後院；誕生時，夜間白色的虹光出現在他家門口；出生後一週，一道白色虹光由河中昇起，越過他家上空。

殊勝認證——噶舉、寧瑪二大伏藏師合於一身

　　三歲時，噶舉派十六世大寶法王認證他為詠給明就多傑之轉世。四、五歲時，寧瑪派法王頂果欽哲對其父母說：「這孩子確實如噶瑪巴所言，是明就多傑之轉世。但他也是寧瑪派大巖取者（註2）甘珠爾仁波切之轉世。上一世明就仁波切與甘珠爾仁波切的轉世根源相同，因此這一世兩位上師示現為同一轉世。就如同我是三位上師的化身一樣。」前世甘珠爾仁波切的弟子們也對現今的明就仁波切十分信服。

初會上師——大司徒仁波切

五歲時（此中歲數皆以藏曆計，均為虛歲，約長實歲二年），他首次造訪位於北印度的智慧林，這是在母親和祖父的陪同下所做的朝聖之旅。當時，大司徒仁波切賜予他長壽佛灌頂，並邀請他留在智慧林學習。

典範教育——自幼泅泳於眾成就者之悲智海

十六世大寶法王、頂果欽哲法王、紐修堪等大師皆為其父之至交，時有往來，互為傳法。父、母二系之祖上、叔伯輩，以及家中兄長也多為轉世祖古。仁波切自幼即泅泳於眾成就者之悲智海，人格養成於聖者典範中。

六歲左右，他已熟諳藏文讀寫。六歲起，他正式開始接受教育（未受過一般學校教育），由祖父陪同，受教於一位受人尊崇的禪修導師。他家下方有個山洞，年幼的他常宣稱他在那裡閉關禪修。當時他認為禪修就是持誦「唵嘛呢唄美吽」，不是用嘴唸而是用心念。他會安靜地坐在小山洞裏數個小時，祈願利益所有輪迴受苦的眾生。

九歲時跟隨父親學習。這是他首次領受秋吉林巴新巖藏法，內容包括寧瑪傳承核心的種種灌頂和口傳。接下來，父親傳授他無比達波四法等大手印傳承法教，以及大圓滿且卻、托嘎等訣要。每一要點他都練習

數日，如是持續了二年半。

　　十一歲時，他到智慧林學習。跟從八蚌寺關房指導上師初清喇嘛學習噶瑪岡倉傳承之日常儀軌和馬爾巴傳承之密續；阿帝仁波切傳他金剛鬘灌頂；復於大司徒仁波切、薩傑仁波切處，領受了岡倉傳承的灌頂、口傳和教授。十二歲時，大司徒仁波切為他正式陞座。

年少早成——十七歲的閉關上師

　　十三歲時，他回家跟隨父親學習兩個月的禪修之後，又返回智慧林。他得到大司徒仁波切之歡喜首肯，於藏曆過年後，如願進入智慧林關房，進行三年三個月的傳統閉關。期間，他於薩傑仁波切處，領受閉關中所有修法之灌頂、教授。同時，於竹奔楚金仁波切處，學得所有的儀軌和法本。大司徒仁波切則教授閉關者大手印。他在閉關中學習了噶舉成就海口訣之前行、正行：紅觀音、上樂金剛、金剛亥母，氣、脈、明點和那諾六法等生起次第、方便道圓滿次第，以及解脫道大手印。日夜精進修持的他於心中生起了殊勝的覺證。

　　十七歲閉關圓滿後，他到尼泊爾創古仁波切處領受「口訣藏」之灌頂，並領受父親的許多法教。薩傑仁波切圓寂後，大司徒仁波切便指派他接任閉關上師，指導第二期閉關，他也在關房中隨同閉了幾年關。

任重道遠——恢復本寺之旅

他多次接獲邀請他去西藏寺廟的信函，在確認閉關成員狀況均佳之後，他便暫離關房，做了五個月的西藏之旅。期間，他首次拜謁尊聖的第十七世大寶法王烏金聽列多傑，並造訪各地聖地、名剎。在他自己本寺停留的十八天期間，他傳授了種種的灌頂，重建雨季結夏安居之傳統，並為三年閉關中心之重建奠基。

學行兼詣──實修證而後學經教

　　西藏之行結束後，父親要他在已具的禪修基礎上，開始研習經典。十九歲的他便進入比爾的宗薩佛學院，參與眾所尊崇的堪布貢噶汪秋仁波切之課程，學修般若、現觀莊嚴等論；並於每週返回智慧林照顧閉關成員。

　　一年之後（二十歲），大司徒仁波切指示由他代理、分擔寺務，並協助智慧林成立佛學院。一年後，因父親病重，他便返回尼泊爾，在父親圓寂前領受了許多的法教。

　　二十一歲至二十五歲之間，他一邊負責學院之教學，一邊指導喇嘛、阿尼二處閉關中心進行第三期閉關。期間，他也做了一些二、三個月的短期閉關。

圓頓心髓──紐修堪大師的最後心傳

父親經常在他面前稱讚寧瑪派大師紐修堪仁波切。二十二歲時因緣具足，他得於不丹紐修堪仁波切處領受大圓滿的「且卻」（譯為立斷或本淨）與「托嘎」（譯為頓超或任運成就）。此法不輕易傳授，僅在一師一弟子的嚴謹閉關中教授。每日無間地，上師傳授法要之後，他便接著實修其精義，終得完全領會——這透過授受雙方直接經驗而傳授的——大圓滿精髓。其後不久，大師便示寂了。

二十三歲時，大司徒仁波切授予他比丘戒。

1993 至 1998 年期間，大司徒仁波切長期在外教學，未回智慧林，他便盡力照顧學院和閉關房。他先後共有七年的時間在學院裡，致力研習中觀、般若、現觀莊嚴論、量論、戒律，並擅長說法、辯論、著作。即使學修已然深湛的他，仍精進聞思修以自利；並以說法、辯論、著作來利益他人。

少年法將 —— 寰宇佈法音

第十七世大寶法王曾作如是介紹：「尊貴的詠給明就多傑仁波切，一位偉大的伏藏發掘者，在學養與成就上，皆是一位無與倫比的大師。」

大司徒仁波切也曾說：「無論弟子眾等想得到佛法修持上的何種加持，都可以於明就多傑仁波切處求得。」

他是六位兄弟中的老么，兄弟中有四位是以仁波切的身份荷擔弘法

利生之使命，目前皆行旅世界各地講學。他的長兄秋吉尼瑪仁波切是噶舉傳承的上師，二哥秋林仁波切是寧瑪傳承的上師，五哥卓尼仁波切則是竹巴噶舉的上師。

二十五歲起，他開始受邀至世界各地教學、指導禪修。2003年，他的行程已含蓋亞洲之尼泊爾、印度、台灣、香港、新加坡，歐洲之法國、英國、德國、荷蘭、比利時、瑞士、挪威、芬蘭、葡萄牙、西班牙，以及北美洲之美國、加拿大。其中，於台灣、溫哥華、加州、蘇格蘭、德國等地主持的大手印三階閉關課程，乃以理、行、事兼融之內涵，帶引出次第開啟心性之里程；充分展現金剛乘嚴密、完整、實證的成佛之道。

回到印度時，他仍然繼續指導智慧林閉關行者。此外，他正在進行中的菩薩事業還包括籌建弘法中心。如：於佛陀成道之聖地印度菩提迦耶，籌建噶瑪噶舉可供千人學修、辯經、祈禱之聚藏寺；於尼泊爾，則分別於密勒日巴尊者和觀世音菩薩之聖地籌建閉關中心和佛學院；於西藏德格則擔負重建本寺(聚藏寺)之責；復於美國加州創建弘法中心等。

◎　註1：寧瑪派和噶舉派著名大師烏金祖古仁波切，生於西元1920年。十五世大寶法王認證其為西藏五大伏藏主之一的古魯秋旺(Guru Chowang)之化身和蓮師二十五大成就弟子中的桑傑耶喜(Sangye Yeshe)之轉世。他的家族可稱為大伏藏師世家，除他本人之外，如其曾祖父即是十九世

紀利美三哲之一的秋吉林巴（第一世），第四世秋吉林巴（秋林仁波切）又投生為烏金仁波切之次子。上一世寧瑪教主頂果欽哲法王生前與烏金仁波切為至交，也選擇投生為秋林仁波切之次子。再加上烏金仁波切么兒詠給明就仁波切，皆是藏史上著名的大伏藏師。

◎　註2：烏金祖古仁波切於其著作「金剛語」（Vajra Speech）中，對於「伏藏」和「伏藏師」，作了如下之描述：

伏藏（TERMA）
蓮師在離開西藏之前，為了未來每一世紀修行者的利益，他將大量的伏藏（包含法教、寶石、珍貴之論典等）封藏於岩石裡、湖中，乃至虛空中。

空行母文字 （DAKINI SCRIPT）
書寫伏藏的空行母文字乃是象徵文字，除了伏藏師之外，無人能領會其涵義。他們能將伏藏解譯，也就是以人們能理解的文字書寫下來。即使在書寫時拼錯了字，顯現於他們禪境中的伏藏文字也會停格在那兒，直到他們注意到那個錯誤並加以改正為止。因此，真實的伏藏總是正確無誤的。

伏藏師（TERTÖNS）
所有偉大的伏藏師皆是成就的大師，由蓮華生大士親自加持、灌頂其身、語、意。伏藏師示現於世，是為了發掘蓮師在西藏和其他國家所埋藏的伏藏。

從孩提時期開始，大伏藏師們便會顯現出不同於其他孩童的特質。他們能於淨觀中親見本尊，由內在湧現覺證。他們不像我們一般人必須依循漸進的學修之道，他們是頓悟的特殊根器。

當不同的伏藏教法到了該被發掘出來的時候，大伏藏師們便會來到這個世間。他們能夠潛入湖中或騰飛至人力所不及的某處洞穴中，將伏藏從堅固的岩石中取出來。

上師素描——弟子們的感懷與禮讚

詠給明就仁波切秉其累世修持的證量、今世特勝之法緣、個人精進非常的學修，以及傳承上師殊勝之加持力，而得於二十餘歲之齡即成為集大禪修者、學者、閉關上師、辯經高手、法儀專家於一身之噶舉法將，於世界各地弘法利生。

有緣受其教者，莫不深感其——於法務上驚人的承擔力，於實修指導上的精嚴、善巧，於開闡學理時隨拈皆妙喻的清新、明晰風格，於虔誠求道者的深切悲智，以及於一切眾生無分別的誠懇、禮敬。特別是曾經領受其直指心性的學修者，對他那敏於觀機、善於引導而令頓見心性的禪德機用，更是銘感逾恆。

他那童子般清淨的心性，陽光般燦爛的笑容、幽默，無懼、無驕亦無矯的氣質，使求法者如沐春風，寬坦求教。其風格平實、平易、平和、平穩、平常——不論處於何種緣境下，總是那麼從容、裕如、鬆坦又不逾矩，彷彿一切任運自成。因此，在短短數年的巡迴教學中，即成為世界各地覓求實修指導之士所渴望追隨的上師。

禮敬——童子金剛手菩薩！

<前世之一> 噶舉派大伏藏師——
詠給明就仁波切一至六世簡介

乘願轉世——秘密主‧目犍連‧轉輪王‧蓮師使‧伏藏主

　　明就仁波切的轉世根源為秘密主金剛手菩薩——三世一切諸佛力量總集之化現。

　　釋迦牟尼佛弟子中神通力第一的目犍連尊者。

　　西藏雪域中，藏王赤松德贊長子——慕崔贊普(Mutri Tsenpo)（註1），為蓮華生大師二十五位成就弟子之一。其後以蓮師使徒之相、大伏藏師身，次第化現於藏地宏揚佛法。

　　略說如下：

　　大持明　果及殿初，在蓮花生大士之主要弟子中，示現為四方及中央，具五明體性之五位巖取林巴，以及四隅之四位取藏林巴等，共九位巖取者(伏藏師)（註2）示現。

　　其中東方之大伏藏師多傑林巴、西方之大伏藏師貝瑪林巴、四隅之一的巖取者錫波林巴等三位，以及止貢大巖藏師仁欽噴措、持明　嘉晨寧波、天法明就多傑（註3）等皆為明就仁波切之前世。

詠給明就第一世：蓮師心子‧掘甚深伏藏‧助法王平息諸障‧降伏西藏九大魔

第一世詠給明就生於十七世紀，幼時即親見蓮師、噶瑪巴西、馬頭明王、金剛亥母、瑪哈嘎拉。他曾依淨觀中領受的心意伏藏，撰成噶瑪巴西上師相應法儀軌。

　　當時，邊境烽火兵亂，外、內、秘密之障礙叢生，噶舉教法非常衰微。他一如蓮師授記，取出完整的忿怒蓮師法要，並將之供養給第十世大寶法王卻映多傑。法王依之修法，此大巖取師亦親自修持完整之忿怒蓮師法九個月，因而協助法王平息了邊境之戰亂，以及一切外、內、秘密之障礙，使噶舉教法光燦如日中天。

　　後半生他示現為大成就瑜伽行者，以佛法降伏了西藏九大魔眷，成辦無數弘法利生事業。

　　當時，他行腳遍及全西藏，在降伏了九大魔中的八魔之後，他便獨自在山上思索如何降伏第九魔——傳播瘟疫，使西藏犛牛因受感染而大量死亡。突然間，他跳了起來，抓起鉤索便殺死一隻野山羊。他將野山羊胃裡的東西和牠的血液混合，製成治療瘟疫的藥方。接著，他又思索著如何使用這帖藥方。正當其時，來了一個叫南措藏的人（意為含蓄廣大如海）。當仁波切問他叫什麼名字時，發現此人十分神奇。他對仁波切說：「此刻，是你負起散發藥方之責的時候了。犛牛初次服用那混合製成的藥方之後會大病一場，但很快就會復原，之後便對瘟疫具有免疫力。其他牛隻若注射牠們的血液亦能因而免疫。」他依法施為，終於消弭了這場瘟疫。

蓮花生大士曾預言：明就仁波切具有取出一百零八種伏藏之潛能，這些伏藏若能全數取出，西藏將能有長遠的平安和喜樂。然而，由於他在艱困的時代轉世，並未能如數取出伏藏。其所取出的根本伏藏有三：

一是忿怒蓮師：古魯多傑卓洛。

二是貝瑪班雜：此法乃以貝瑪班雜為主要本尊，印度八十四大成就者及八變蓮師等為聖眾，是入達證悟及成就虹光身之修法。

三為策竹塔謝卡覺：以無量壽佛及五佛部為主，乃是一種結合方便與智慧之長壽法及彌陀淨土成就法。

之後，許多的聖者、上師、祖古和各教派的僧伽皆直接或間接地領受了他的伏藏教法。他取出的伏藏預言：「其伏藏教法的主要領受者乃尊貴的第八世大司徒仁波切以及伏藏師貢秋多傑。」於茲，引述伏藏中幾段蓮師對明就多傑的預言：

「在烏塔谷，大司徒將揮舞金剛銅劍於空中。」

「在未來爭鬥的世代，五種衰墮之相蔓延之時，
首先將伏藏法交付給你的法嗣——阿彌陀，
其後交付給名為巴尼者，
無有隱密地交付出去，關於統理者的爭論將會平息。」

明心之旅

「你是秘密主的化身，

我是三世之佛和釋迦牟尼，

以慈悲之光護佑身處黑暗時代的眾生。

從未錯失正確之時機及真實志向的力量，

生生世世，上師將會語示你。

要祈願，莫要退失你的信心和虔誠。

將此牢記在心，我可敬而尊貴的兒子。

皇子般的住法者，無比堅定的是你的三昧耶，

你將深廣地利益佛陀之教法。」

　　由此看來，明就仁波切所行之菩薩事業，的確應驗了蓮華生大士的預言。

二至六世：經、續、五明、功德全．禪修精湛達無學．悲智大力啟群蒙

　　第二世詠給明就多傑誕生於拉拓，又名詠給三眼者。他如同忿怒蓮師多傑卓洛降臨，額間具第三眼，身上具有代表五明的表徵，異於常人。他以智慧、精進、慈悲成辦了廣大的弘法利生事業。

　　第三世至第六世的明就仁波切均現比丘相，也皆於經、續、五

明深入聞思修，以禪修著稱。於自利，達無學境界；於利他，則以悲智大力，成辦無數利生事業。

◎ 註1：藏王赤松德贊長子 -- 慕崔贊普(Mutri Tsenpo)，為蓮師二十五位成就弟子之一。他是吐蕃王朝第40代贊普 -- 赤德松贊。在藏史中，他是一位賢明的君主，外修內治，護持佛法。他與蓮花生大士宛如父子，蓮師曾授予他許多的教法。最後，他恭送蓮師騎著天馬離開西藏，前往羅剎國。

◎ 註2：蓮華生大士曾指出：真實伏藏師必然圓具的九種功德和十種正確示現。這也正是當世明就仁波切之寫照。（摘錄自全佛出版社之蓮花生大士全傳）

九種功德——

第一、必是來自偉大的種性氏族，具有王族或貴族的功德。

第二、相好莊嚴。

第三、通達各種智慧知識。

第四、通達一切顯、密二宗之教法。

第五、明瞭一切名相及其內義。

第六、修證成就，具足高超覺悟的智慧。

第七、具足勇猛、無怯懦的體性，能使眾人信服。

第八、辯才無礙，能善巧反駁他人的惡言。

第九、了悟、分別法與非法。

此外，他必須能夠安忍不動，善巧調伏自己的內心。

十種示現——

第一、　具足正確的氏族，使身心健康，能自在地書寫和讀誦經典。

第二、　具足正確的心地，故有智慧和慈悲的胸懷。

第三、　具足正確的行為，能為佛法勇猛精進，甘受一切苦難。

第四、　具足正確的三昧耶誓句，永不違背其誓願。

第五、　具足正確的身心思惟，故不會和他人產生論諍。

第六、　具足正確的布施，故能使眾人供養佛法。

第七、　具有正確的菩提心，故能不惜生命地為佛法和眾生奮鬥。

第八、　具有對財物正確的觀念，故不會吝惜任何財物。

第九、　具足正確的眼耳鼻舌身等五根，故不會擾亂他人之身心。

第十、　具足正確的生命目標，故能毫無矯揉虛偽地對待一切人。

天法明就與詠給明就

◎　註3：史上有二位明就多傑——天法明就多傑（Namcho Mingyur Dorjee）和詠給明就多傑（Yongey Mingyur Dorjee），其經歷常為人所混淆，故於茲略作分別：

天法明就多傑乃是第一世詠給明就多傑之前一世。二者皆是大伏藏師，也皆值第十世大寶法王卻映多傑之世（十七世紀）。

天法明就仁波切示現為一少年聖者，發掘了許多重要的伏藏，其伏藏法主要的領受者為噶瑪恰美仁波切。這些蓮師所藏之伏藏法，日後為寧瑪白玉傳承奉為重要教法，如：天法極樂淨土修持儀軌和其內含的頗瓦等法，皆為今人所熟悉。

天法明就仁波切住世甚短，荼毘後，舌頭、心臟不壞，並有許多顯現藏文種子字之舍利。

第一世詠給明就仁波切，如前（傳記）所述，亦發掘數部重要伏藏。他值遇第十世大寶法王且獻給他伏藏法。（此明就仁波切未值遇恰美仁波切）。其後，第十一世大寶法王為其所認出，且成為他的伏藏法之領受者。他所發掘的伏藏法，成為噶舉傳承之重要教法，今人所熟悉者，如：噶瑪巴西法、忿怒蓮師法等。

第一世詠給明就仁波切之後半生，示現為大瑜伽行者，並以佛法降諸魔害。

明心之旅

〈前世之二〉 寧瑪派大伏藏師──甘珠爾仁波切

在完成佛教和眾生的事業後，七十八歲的他，將色身暫時收至拂塵洲蓮花光中。在他圓寂後的第三天早晨，其智慧身出現在依怙欽哲仁波切的光明夢景中，把所有的伏藏正法及教誨都賜予頂果欽哲⋯

甘珠爾（Kangyur）仁波切是寧瑪派之大伏藏師，他因西藏淪亡而移居印度大吉嶺山區。在他晚年的七〇年代，西方知識份子正開始探索東方的性靈智慧，逐漸成熟了藏傳佛教盛行西方的因緣。當中，甘珠爾仁波切特別與來自法國的尋道者有緣，例如：「僧侶與哲學家」一書的作者馬修‧李卡德，即因與甘珠爾仁波切直接相處的經驗而開啟他的學佛修行之道──「單純地待在他面前，那是一個極深刻、永生難忘的經驗，他當時已經七十歲。」「他的人，給人很深的影響，從他體內散發出來的那種深度、力量、平靜和愛，讓我的心打了開來。」「七年，我住在我老師康居（甘珠爾）仁波切那裡，直到一九七五年他過世為止。」

甘珠爾仁波切的長子貝瑪汪加仁波切（Pema Wangyal）在訪法教學期間，為前後二任寧瑪教主──敦珠法王和頂果欽哲法王的訪法之旅奠基。近年來，甘珠爾仁波切的轉世──明就仁波切，即常受邀說法。

（下文引自全佛出版社之「藍寶石」，作者為寧瑪派龍欽巴之主、尊貴的紐修堪仁波切。）

甘珠爾喇嘛・隆千耶謝多傑，他生於康區日吾切的鬥熱瑪村，從小便覺醒聖人的習氣，能回憶起曾生為堪千米楚巴時的情形。他學習藏文時，只要稍加指點，便能通曉，具有天生智慧。蔣貢米潘仁波切到扎嘉貢波僻靜山寺時，他與眾鄉親一起去拜見，接受很多大灌頂，米潘仁波切將誓盟所依的一把文殊菩薩劍賜予他，後來他在日吾切的寧瑪派寺院出家為僧。身為聖者，他除了三種袈裟之外，拋棄所有的東西，處於杜多(頭陀)功德之中，他在這座寺院的上師、祖古、堪布、大師處，聞了很多廣泛深奧的正法，並作了多年的僧眾引經師。

在嘉科・特喬滇貝姜辰處，他聞得了《前譯十萬續》等，學習了顯、密兩宗，成為一名學者，尤其是拜不共的部主傑尊・先貝郡奈為師，聞到大圓滿法的全部續、口傳、訣竅，證悟了無數的功德，成為不共的心弟子，得到總持的、深奧的正法，特別是依怙上師把自己的伏藏正法當做特殊正法，全部賜予他，上師說：「你在修普巴金剛的房內唸三億遍咒字，然後去不丹的巴昭達倉，在那裡你會得到成就的緣份。」說著，又賜了很多教誨和預言。他按照上師之命，在日吾切寺的普巴金剛修行房裏，唸了三億遍普巴金剛咒字，得到這位特殊本尊的攝益，然後來到了衛地拉薩、羌達隆、羊珠達隆等地，在這些地方，把大藏經

《甘珠爾》的口傳傳授了二十三遍。由於經常傳授《甘珠爾》，所以人們都稱他為「甘珠爾喇嘛」，並因此受到文殊菩薩的攝益，成為每天能以六倍於常人的速度讀六卷《甘珠爾》的聖者，有無數奇異的傳記。

後來他又按照上師的預言精神，到了不丹的巴昭達倉，當地的山神出來迎接他。他在那裡進行普巴金剛的唸修，發掘出《上師普巴心意明點》等深奧伏藏。以後又去印度朝拜，在金剛座發掘了無著當年修持彌勒菩薩時的本尊聖物——一尊拳頭高的彌勒像。在聖地蓮花湖發掘出從前蓮花生大士在桑耶為國王和南卡寧波等君臣二十五人傳授的不共深奧伏藏密精義正文，及其附件正法。其中根據聖地和時間因緣的關係，決定了《修上師七句加持雨》的伏藏典籍。

他還在印度諸聖地為佛教和眾生的安樂做廣泛深入地發願，致供品等，為眾生做廣泛的益事，而後又經上部崗底斯山返回衛地。在茸紅岩發掘了《修長壽》的深奧伏藏，還發掘出《修金剛手》、《修真實意》等其它深奧伏藏。按照蓮花生大士的預言，他又請金剛亥母的化身強曲做發掘伏藏的伙伴，發掘許多伏藏，其中大部分是作為密藏形式發掘的，由此覺醒自己曾經生為比丘南卡寧波時的習氣，回憶起自己的很多本生。在達隆建造大寶塔時，出現障礙，寶塔裂成兩半，但他用神通把寶塔重新沾合起來，恢復了原樣。有一個弟子臨死時，派人來請上師，他未能去，但他的智慧身去攝益了死者。如此證悟神通的事例非常多。

他還反覆親見到欽哲東昂林巴、米潘仁波切、多欽哲耶謝多傑、索‧貝瑪旺嘉等從前天竺和吐蕃的很多班智達和得道勝上士夫們；淨相中到漢地五台山親見大班智達比瑪拉密扎，得到攝益；在銅色吉祥山得到蓮花生大士的親見，獲得加持，有無限的淨相。後來，逢野蠻人殘害藏民族之時，他考慮到佛教的未來，所以將包括珍貴的大藏經《甘珠爾》在內的千百卷書籍運至隱避地貝瑪果，經過千萬險的歷程，抵達印度。他與依怙敦珠、頂果欽哲仁波切等人的想法完全一致，彼此之間聞了正法甘露。將伏藏師達先的伏藏正法《馬面本尊深意聚》等前譯派的灌頂、講解、口傳等，很多珍貴正法傳承賜給依怙欽哲和自己的公子為主的千萬名弟子。在大伏藏師多傑林巴的伏藏聖地大吉嶺，他創建了烏金貢桑曲科林寺。在美國、法蘭西等國家，為很多弟子傳授適合他們緣份的講解和訣竅等。

在完成佛教和眾生的事業後，七十八歲的他，將色身暫時收至拂塵洲蓮花光中。在他圓寂後的第三天早晨，其智慧身出現在依怙欽哲仁波切的光明夢景中，把所有的伏藏正法及教誨都賜予依怙欽哲，並預言這些正法將傳給有緣弟子等，使有緣弟子都被置於奇異信仰之地。為前譯密宗正法在此濁世的發展做了廣泛的事情。

他的三種密傳承由三位公子繼承，其中貝瑪旺嘉祖古，在自己的依怙父親和依怙大伏藏師二人（頂果法王、敦珠法王）處做廣泛聞思，為前

譯密宗正法發了不依靠他人的大菩提心。按照兩位大伏藏師的指示,他在法蘭西新建了特喬光明曲林大修行寺;還出版很多書籍,為寧瑪派大部分寺院創造了條件;創建了正法中心,在法蘭西、德國等地發展了依怙父親和大伏藏師二人的傳承事業,繼承聖人的善業,另外兩個兄弟也正在學習之中。

雪域法音叢書——童子金剛手系列 1

大伏藏師詠給明就仁波切引領

明心之旅
次第走過

國家圖書館出版品預行編目資料

明心之旅 次第走過／第七世詠給明就主講；
確印卓瑪編譯. -- 再版. --〔臺北市〕
：喜笑之歌，2004〔民 93〕
　面；　公分. --（雪域法音叢書. 童子金
剛手系列；1）

　ISBN：978-986-86226-1-6（平裝）

　1.藏傳佛教－修持

226.966　　　　　　　　　　93012827

主 講 者：第七世詠給明就仁波切

全書編譯：確印卓瑪

發 行 人：確印卓瑪

出版：喜笑之歌出版社股份有限公司

連絡：喜笑之歌　　thopagasong@gmail.com

封面. 版型設計：詹瑞源

初版：2004 年 8 月

六刷：2020 年 4 月

定價：台幣 400 元

ISBN：978-986-86226-1-6

經銷：紅螞蟻圖書有限公司

地址：台北市內湖區舊宗路二段 28 號 4 樓

電話：(02)2795-3656　傳真：(02)2795-4100

法律顧問：嚴博文律師